滄海叢刊

現代存在思想家

項退結 著

1986

東大圖書公司印行

行政院新聞局登記證局版臺業字第〇一九七號

中華民國五十九年十二月初版
中華民國六十三年四月再版
中華民國七十五年五月修訂初版

© 現代存在思想家

基本定價叁元柒角捌分

著作者 項退結
發行人 劉仲文
出版者 東大圖書股份有限公司
總經銷 三民書局股份有限公司
印刷所 東大圖書股份有限公司
臺北市重慶南路一段六十一號二樓
郵撥：〇一〇七一七五—〇號

第三版序

從最初以「現代存在思想研究」的書名問世以來，本書已歷十二寒暑。現在又能够在東大圖書公司出第三版，不能不說是一大幸事。

我之所以決定讓此書再版，其實已在初版序第一段中交代得清清楚楚，即因爲它是閱讀欣賞研究各位存在思想家原著的結晶。毫無疑義，本書替後起者提供了線索和正確理解的依據。以後雖然也出了一些類似的書籍，但似乎都在別方面下功夫。因此，今日對存在思想感到興趣的讀者仍迫切需要這樣的一本入門書。

第三版卻也做了若干重要修正。首先，第一、二版第五章「海德格的存有論」以「對海德格思想的初步理解」替代，因爲原來這一章對海氏思想了解欠清。其次，爲了使意義更清楚，第四章「海德格的『存有與時間』」和第七章「沙特的基本思想」也作了若干修改。

附帶讓我把最近體會到的中文「存在」二字深意向讀者交代一下。「說文解字」稱：「存（存）恤問也」。戰國策之「大王無一介之使以存之」（秦策五），禮記月令篇之「存諸孤」均指此意；禮記祭義篇之「致愛則存」則有思念之意。「說文解字註」指出：「在」也是「存」的意思，並說「今人於在存字皆不得其本義」。「存在」本來既指體恤與思念，因此揭示出人的特質，遠較日本人所譯的「實存」爲優。

項退結 於仙跡岩下

民國七十五年四月三日

初版序

首先應向讀者交代的，是我撰寫這本小册的基本態度。幾年以來，類似的書籍，著作或翻譯的，我國委實出版了不少。儘可能我都閱讀了那些書，另外涉獵了不少外文專著，可是仍覺得很難體會當代存在思潮的眞髓。因此我盡量閱讀欣賞各位存在思想家的原著：除去齊克果的著作接觸到的全部是譯文以外，其餘我都曾下苦心去研讀原文。當然，這樣做既費力氣又費時間；套用一首常用的詩句，眞可以說：「須知盤中飯，粒粒皆辛苦。」但也唯有如此始能獲得充分的理解。

爲了繼起研究者的方便，我都詳細註出源流，使讀者能按圖索驥。

我一向的信念是，研究哲學史——包括過去和現代思想——的目標，並不是編著古物陳列所的清單，主要在於因研究他人思想而替自己找到一條出路。人都有追求眞理的天性，而哲學家可以說是特別熱忱的眞理追求者。他們所說的未必全是眞理，但也不會全部是錯誤；我們甚至可以說；錯誤也包含一部份眞理。譬如希臘哲學家之祖——泰利斯說一切事物由水而成，這句話雖然不對，但他對事物成因這一問題的思考路線卻是正確的。

各時代的哲學如此，當代的存在思想亦然。齊克果所強調的個人自由抉擇，可以說是整個存在思潮的眞理核心。齊克果重視與實際生活打成一片的主觀眞理，也是極重要的一端，而且和我國傳統思想精神極其相符。雅士培推重道德抉擇，視之爲人的存在基礎，這點與儒家的道德觀暗合。海德格對存有的關心，把西方哲學二千多年以來的中心問題重新提出，功不可沒；他又特別要我們正視人必須死亡這件事實。沙特利用他特有的空無經驗，把人類的空虛感和消極一面血淋淋地描寫出來。他的消極經驗是一項事實，過去和當代的人都有同感，祇是稍偏一些：他的消極經驗掩蓋了人生中的美好一面。我國傳統精神正可與以補充，那就是像孟子一般擴展人生中的積極面。孟子曾說：「人皆有所不忍，達之於其所忍，仁也。人皆有所不爲，達之於其所爲，義也。人能充無所欲害人之心，而仁不可勝用也。人能充無穿窬之心，而義不可勝用也」（盡心章句下）。簡言之，就是「以其所愛及其所不愛」（盡心章句下）。馬賽爾的融通則與我國固有的仁不謀而同。

對二十世紀七十年代而言，存在思想尙不失爲具影響力的哲學思潮之一。但是對於喜歡新花樣的西方青年，目下最吃香的，是融合存在思想中的個人、馬克思主義中的鬪爭、心理分析中的性慾於一爐的馬古西（Herbert Marcuse 他是原籍德國的猶太人，按德文發音應作馬爾古鋭，美國人則稱之爲馬爾枯西）。馬氏係執敎於美國聖地亞哥（San Diego）加州大學的哲學教授，他的思想已成爲嬉皮和美國西歐等地所謂「新左派」的精神基礎，以澈底摧毀任何造成「壓抑」（repression）的「成制」（卽既成制度= establishment）相號召。馬古西所云的成制，同時包括資本主義社會和共產主義社會中的既成秩序，因此也已引起蘇俄的攻擊（參閱「現代學苑」七卷十一期）。

我們這一時代，全世界思想的紊亂已無以復加。人們似乎已經不再愛好眞理，而祇愛好時髦和動人的口號。試以受馬古西影響的「新左派」而言，我就覺得他們根本不知所云：一方面他們要摧毀一切「壓抑」，要不受任何束縛的絕對自由，另一方面卻又擁護最摧殘人性和自由的毛共和越共。坦白說一句，最近我在西德、瑞士、意大利、美國約三個月（六月至八月）的居留，使我對整個西方的未來動向不勝其迷惘。西方思想界對他們自己已經失去信心，轉而向東方乞援：在美國某大學書店的哲學部門，我見到一大堆易經的英文譯本，佛敎禪宗對西方也施展了很大的吸引力。

今日的我國哲學工作者，一方面固然不應固步自封，泥古不化，另一方面也決不可祇以西方的馬首是瞻，一味向西方學最時髦的新玩意兒：一下子崇拜尼采，一下子又向沙特五體投地。須知西方人有喜新厭舊的弱點：今日尙屬時髦的思想，明天就可能過時。沙特就說自己的存在主義已經像一種肥皂牌子一般地過時。我們應當有自己的立場，從而批判選擇外來的思想，在各種不同思想中尋求眞理核心而揚棄其糟粕。用這一態度去細心研究當代存在思想，纔有希望替我們自己找出一條路來，也有希望給迷失中的全人類有所貢獻。

「存在思想祖師——齊克果」曾於「天主教學術研究所學報」第一期（民國五十八年）發表，「海德格的存有論」發表於輔仁大學本年度的「人文學報」。其餘各篇均發表於「現代學苑」月刊（六卷六、八、十期及七卷二、三、六期）。全部文稿我都曾加以修改或補充。

項退結 於臺北

民國五十九年九月十二日

再版序

有人說存在思想在國外早已過時，而在我國尙盛極一時。這句話未免囫圇吞棗。事實上某一個存在主義學派，的確造成熊十力先生所云的「逐臭」現象，而目下似已接近尾聲；但存在思想形態卻仍在西方思想界、文化界佔極重要的地位，與英美的分析哲學、新士林哲學及共產集權統治下的馬列主義平分秋色。卽在馬克斯思想陣營中，也已有人受到存在思潮的啟發。沙特與由東德逃亡至西德的恩斯特・布洛霍（Ernst Bloch）卽其實例。而海德格所影響的幾位神學巨子，至今仍如日中天。我個人也始終認爲，存在思想足以與我國傳統思想互相映輝。因此，對當代存在思想眞正下一番工夫去研究，至今仍很値得一做。我相信，對於熱愛知識的我國讀者，本書尙有它的未盡任務。

再版內容的最大變化是加入「裴狄雅也夫與俄國的命運」，作爲本書最後一章。讓我對這篇文字的撰寫經過向讀者報告二下。一九七二年一、二月份德文「政治研究」雜誌轉載了我的「哲學在今日中國」一文。同期有巴爾澈（G. Bartsch）的「從列寧走向裴狄雅也夫」，引起了我的興趣，因爲據巴氏報導，裴狄雅也夫是目下俄國大學生所熱愛的一位作者。巴氏在一封信中告訴我（見現代學苑九卷八期三二及三四頁），馬克斯主義在俄國已經歲暮途窮，除去作爲黨八股的唯一功用以外，再也引不起興趣；裴狄雅也夫思想則已成爲俄國道德再生運動的支柱，在俄國的未來革命中將扮演極重要的角色。俄國是我們的鄰國，我國過去之所以陷入馬列主義泥淖，俄國人的影響力極大。在未來走向自由途中，俄國老百姓是否會和我們携手呢？儘管這樣的遠景目下尙言之過早，但這位俄國自由健將則無論如何值得我國人注意。因此我整整化了一個多月時間潛心研讀他的著作，完成這篇文字，發表於現代學苑九卷十期（去年十月）。收集在這裏，作爲本書的第九章，我認爲極其適當，因爲裴氏思想原來就接近馬賽爾和齊克果；而他之強調主體、自由、空無等主題，與任何其他存在思想家不相上下。

除去裴氏新的一章以外，有關雅士培、海德格、沙特各部份，已加入了一些新資料，並作了若干修改。初版中的錯字也已盡力改正。最後，爲了更能名實相符，書名也由「現代存在思想研究」改成現在的樣子。

這裏，我願意再引述熊十力先生的幾句話，作爲再版此書的懷抱。熊先生說「吾國學人總好追逐風氣。一時之所尙，則羣起而趨其途，如海上逐臭之夫，莫名所以。曾無一刹那，風氣或變，而逐臭者復如故。」他又說：「西洋諸名家思想，經介紹入中國者……不爲不多。然諸家底思想，不獨在中國無絲毫影響，且發生許多駁雜、混亂、膚淺種種毛病。……夫名家顯學，現成爲一派思潮，則同情其主張而迻譯之者，必有繼續深研之努力，方得根據其思想而發輝光大，成爲己物。」（十力語要，卷一，四六——四八頁）對存在思想去蕪存精，而把我國人所眞正需要的東西吸收過來，這才是我撰寫此書並讓它再版的用心所在。

項退結　於澹廬

民國六十二年五月一日

現代存在思想家　目次

伍　對海德格思想的初步理解……一二一

壹　存在思想的基本觀念和特徵

我國人目下對存在思想的興趣之所以越來越濃，一方面可能由於存在思想中所含離奇的成份。也許還因著「時髦」的關係：大家覺得這是一股新潮流，不去湊湊熱鬧，自己就像是落伍了。另一方面，我人也不能無視於當代人尤其當代青年心靈中的許多問號。這些問號的主要對象是每個人的前途，同時也涉及他週遭的環境，最後問題伸展到他本身：「我個人的生存究竟有無意義？」而存在思想正以這一類問題爲其主題，無怪乎會引起普遍反響。

沙特替存在主義辯護時曾敍述下面這件趣事：有一位女士，每次因神經緊張而說出一句粗話，就會抱歉地對旁人說：「我相信我正成爲存在主義者」。事實上，很多人一聽到存在主義，就會有離奇古怪的聯想。沙特自己也許是造成這種印象的原因之一：他的「噁心」、「髒手」等小說，都令人感到離奇。一些情節離奇而難以捉摸的小說，也被大家認爲與存在主義有關，像卡繆的異鄉人、卡夫卡的審判、城堡等，就是如此。

也有人說存在主義是消極、頹廢的。實則，這祇能夠代表存在思想的一部份面貌，不能代表整個存在思潮。「存在主義」這一名稱係沙特所首創。對沙特影響極深的海德格雖然開口閉口不離「存在」，卻根本拒絕「存在主義」的名稱。另一位當代存在思想大師雅士培則祇用「存在哲學」一詞。齊克果則既不知有「存在哲學」，更不知有「存在主義」。因此混稱這些思想家為存在主義者是不合理的。他們都是存在思想家，而不是什麼存在主義者。

一、存在思想代表人物心目中的存在

首先應向讀者交代，每一位存在思想家應用「存在」一詞時，都有自己的不同解釋。雖然如此，他們卻也有一個共同點，那就是都從生命的體驗做出發點去思考，而他們思考的首要對象是每個人自己的「存在」。現在我們且把齊克果、海德格、雅士培、沙特和馬賽爾五人作為代表，來探究「存在」一詞的含義。

存在思想祖師——齊克果：齊克果的一生，本來可以說是平淡無奇的。但是由於他的特殊資質，齊克果對他一生遭遇所有的感受卻非常深刻。齊氏本質地是一位宗教思想家；他深深感受到，他所屬的丹麥教會已經太俗世化，已經為逐流主義（Conventionalism）所籠罩，成為社會制度的一種：每個人一生下來就屬於教會，而教會活動也成爲社會生活的附庸。這樣教會已完全「家畜化」，形存而實亡。他認爲眞正的宗敎生活基於個人自己的抉擇，眞正的基督徒祇能是個別的人❶。他最反對黑格爾哲學的抽象思想，提倡以每一個人的「存在」爲主。「存在」(Existentia)一詞，中古哲學中應用甚廣，意思是指事物的客觀實在：譬如說巴黎大學、北平故宮存在，就是這個意思。以「存在」一詞代表每一個人的具體生活，則是齊克果所開始的。以這一意義來說，我人祇可說某某人存在，而不能說某一事物存在。

齊氏非常強調個人的自由抉擇：「抉擇時人是在最完全的孤立中，因爲他從他周圍的一切抽身出來❷。」齊克果著作中常常應用「存在」一詞，譬如他說：「今日世界的智識太多，而忘記了什麼叫存在，忘記了什麼叫內心」。這裏，齊克果似乎把「存在」與「內心」連在一起，意思是：「存在」是經內心體驗以後的生活。他又說：「道德對每一存在者都有不可逃避的要求，因爲它是個別存在的本質規定」❸。齊克果又不厭其煩，再三再四說人必須抉擇才開始度道德生活，否則祇是感性的人生觀。齊氏認爲僅以感性爲憑恃的生活終究會帶向絕望：「一切感性的人

---

❶ 齊克果的人生哲學，香港基督敎輔僑出版社一九六三年出版，四七——五四頁。

❷ S. Kierkegaard: *Aut-Aut, Estetica ed etica nella formazione della personalità*, M. A. Denti editore, Milano, 1946, p. 140.

❸ S. Kierkegaard: *Zur Überwindung des Nihilismus*, Verlag Von Ernst Klett, Stuttgart 1948, S. 18, 19.

生觀是絕望，一切依感性人生觀生活的人是絕望的人，無論他們知道或不知道這個。但當他們知道這個時，……一種更高的存在方式已絕對需要」❹。這所謂更高存在方式，就是經個人抉擇以後的道德生活方式。這樣的存在雖必須經個人的自由抉擇，卻又與人性相符，因此齊氏又說：「女人懂得有限之物，她領會它直到它的根源，……因此她與存在相和諧……」❺。這裏的「存在」就有普遍人性的意味。總括上面所引述齊克果的話，我們可以說：齊氏心目中的「存在」是每個人內心所體驗的、經過自由選擇的、符合人性的生活方式。

海德格的「存在」與「存有」：海德格的「存有與時間」(Sein und Zeit) 於一九二六年問世，對於當代的存在思想可以說是具決定性影響的一本書。海氏雖口口聲聲說自己並不祇是關心人的存在 (Existenz)，而尤其關切存有 (Sein) 的意義，但是他對人的存在之細膩分析，卻是他那本書最吸引人的地方，也是他之所以成名的原因之一。

順便願意在這裏和讀者諸君討論討論「存有」這個譯名。通常我人在本體論中運用「存有者」這個字，都是沿用亞里斯多得的「存有者之爲存有者」(τὸ ὂν ᾗ ὄν) 而來。這裏的「存有者」一詞，拉丁文作 ens，德文作 Seiendes，英文作 being，包括任何實在的或可能的事物，和它對立的是「空無」。形上學中的本體論，英文作 ontology，原來的意思就是存有之學，所以最好改譯

❹ S. Kierkegaard. *Aut-Aut*, p. 77.
❺ 同上：二〇六頁。

爲存有論或存有學，就筆者所知，「存有」「空無」這一對譯名是勞思光先生所開始應用❻，無論如何，這比用「有」「無」二字更好❼，因爲祇有一個字的中文名詞很不易應用，行文時容易被誤解成動詞。也有人把 ens 或 Seiendes 譯爲「實有」，這就遠不如「存有者」更準確，因爲「存有者」未必是實在的事物；用「實有」譯 ens 一字，那末勢必至於鬧出「實在的實有」「不實在的實有」這樣的笑話來。

海德格的一貫主張是：哲學的最主要課題卽追究存有的意義，而要明瞭存有，最好是從發生此一問題的這一存有者（Dieses Seiende＝Dasein）開始，也就是從人開始❽。人這一存有者（以後簡稱「此有」＝Dasein）祇能從他的存在去瞭解，存在就是此有成爲自己或不成爲自己的可能性（Das Dasein versteht sich selbst immer aus seiner Existenz, einer Möglichkeit seiner selbst, es selbst oder nicht es selbst zu sein）❾。換言之，此有以存有爲本，根本屬於存有，但此有能够對它本來的存有採取立場，它可以選擇自己的存有，或者拒絕自己的存有。**這選擇或拒絕的可能性就是存在**。海氏認爲「存在的問題恆祇由存在本身纔能瞭解」；這裏所說的存在，是每個人自己的親身經歷，而所謂「存在瞭悟」（das existentielle Verständnis）也就是此有由

❻ 存在主義哲學，勞思光著，香港亞洲出版社民國四十八年出版，八四頁。
❼ 存在哲學簡介，孫振青編著，臺中光啓出版社民國五十五年出版，九一——九八頁。
❽ M. Heidegger: *Sein und Zeit*, Niemeyer Verlag, Halle 1929, S. 7.
❾ 同上：一二頁。

親身經驗，亦卽由它對自己的存有採取立場以後所得到的領悟。至於把存在的種種組織加以分析，從而對存在所得到的理解，海氏稱之爲 das existentiale Verstehen，可以譯爲「存在理解」⑩，那是一種做學問的工夫。海氏在「存有與時間」中，對存在的種種境界作了許多描述和分析，凡此一切都屬於「存在理解」，而不是「存在瞭悟」。

何以海德格用「此有」(Dasein)來作爲人的稱呼呢？這是因爲海氏認爲人的本質不能以他的客觀條件(Angabe eines sachaltigen Was)來認定，譬如不能以人的生理甚至化學因素來確定人的本質。人的本質在於應當使他的「存有」成爲他自己的「存有」(Sein Wesen vielmehr darin liegt, dass es je sein Sein als seiniges zu sein hat)。換言之，人的本質空空如也，而以選擇存有爲其天職，而這也就是海氏所說的存在。海氏把存在一詞的德文 Existenz這個字，解釋成 Ek-sistenz，意思是從自己身上出去接受存有，開顯自己的存有。人既應接受、選擇存有，所以他應當是「存有在此」(Da des Seins)，簡稱之爲「此有」。所以在海德格心目中，「存有在此」或「此有」表示人的本質或天職，而存在可以說是「此有」對這天職的選擇或拒絕。

雅士培的存在照明：雅士培的一生具有二種獨特的經驗；他自幼就患支氣管擴張症以及心臟代償機能衰敗症，必須經常適應自己的病，處處感到此路不通和「界限」，另一方面他頑強地與

⑩ 同上：一一二頁。

這些「界限」奮鬪，充分發揮「完全自由」的抉擇力量。雅士培對病魔這一「界限」奮鬪得特別出色：他竟能活到八十六歲高齡，於一九六九年二月底纔逝世。這二種經驗，雅士培都吸收到他的哲學思想中。他所說的存在就是作完全自由抉擇的經驗，是採取無數不同的可能生活方式的經驗，同時是孤苦無告的經驗；簡言之，存在可以說就是**每個人孤獨地面對自己、面對世界作自由抉擇的經驗**。這個經驗往往是苦痛的，因爲我們所面對的並不是一個清澈可解的世界，而是充滿謎語和暗號（Chiffer）的世界。我們又必然地會被痛苦、死亡、罪惡感以及各種遭遇所限制，這一切都構成雅士培所云的「界限情況」（Grenzsituationen）。純眞的存在可以設法把「界限」向後移一點，但最後還是必須自由地接受而超越它們。

雅氏所云的「存在照明」（Existenzerhellung）並不指單獨的知識，而是指「自己對自己採取態度」，體會到自己的多種可能性而與以抉擇，這也就是所謂「純眞的存在」（authentische Existenz）。存在的照明有賴於理性（Vernunft），這所謂理性有別於解決實際問題的理智（Verstand）。雅士培心目中的理性是永不息止的追究。雅氏認爲理性與存在是人生的二極：沒有理性的存在是盲目的，它一任慾望、衝動、感覺等所驅策；沒有存在的理性則成爲空虛而無實質，成爲枯燥的理性主義⑪。

沙特的絕對自由與存在：沙特所云的存在也溯源於他的生活經驗：一九四〇年至一九四五

⑪ Frank N. Magill: (ed): *Masterpieces of World Philosophy in Summary Form*, 1961, p. 1008.

年，法國為納粹的德國所佔領，工人、猶太人、政治犯等都大批被遣送到集中營。沙特自己也參加了反對納粹政權的地下工作，這更加強了他被害的危機。可是在這生命與人身自由飽受威脅期間，沙特更體會到自己能夠自由選擇；絕對的自由也就構成了沙特心目中的存在；「人不過是他自己所造成的東西」。這絕對的自由卻不是一種恩物，而是一種「懲罰」：「人被罰於自由」。人既是絕對自由，所以不能再相信一個創造者，他也沒有一成不變的價值或規則可以遵循，他是自己的絕對主人翁，他必須替自己設計，否則他什麼都不是。因此沙特主張存在先於本質，因為在人替自我設計以前，根本什麼也不是，他還是一張白紙。做了自我設計有了行動以後，人纔有了本質，就是說人纔成為某種「已經是過的」（Wesen ist was gewesen ist）東西⑫。

馬賽爾的主體與共融：馬賽爾認為人無法避免自己的不安感，因為他原是有限度的，同時卻又有追求無限的天性；他原來是「旅人」（homo viator）。馬氏覺得人生最大的痛苦是隔離和孤獨，因此他主張人應當彼此共融（communion），不可把他人和其他事物看成純粹客體，而應視之為「親臨」於主體的「存在」。「存在」的事物和主體直接發生關係，而不是與主體無關的「孤島」。

儘管上述這幾位存在思想代表人物對存在一詞的用法多少有些不同，但他們的哲學都是以人

---

⑫ J.P. Sartre: *Being and Nothingness*, The Citadel Press, New York 1966, p. 35. 這句話原是黑格爾所說的。因此沙特引用德文。

的生活經驗為出發點，並以人的生活經驗為討論的主要對象。他們都有些像古代的一位希臘哲人，白日點燈到處去找「純眞的存在」，也就是尋找那自由選擇的人，存在思想者覺得祇有這樣才是人所應度的生活。

二、存在思想的特徵和不同方向

1.**重視單獨的個人**：齊克果在大學讀書時，幾乎所有的哲學教授都是黑格爾派的。黑格爾的哲學非常抽象，認為一切都是精神的，世間一切都由觀念所決定。在黑格爾腦中，個人並沒有什麼重要性，人的價值全看你站在正反合的那一面：是站在正的一面、反的一面，或者是合的一面。事實上，馬克思主義就是由黑格爾思想所演變成的。在黑格爾的觀念系統中，個人是無足輕重的；齊克果最反對這種思想。他的著作強調「存在」，就是每一單獨個人的情感、個人的自由及內心經驗。強調個人，主張應該有個人的自由決定，這就是齊克果所說的存在。

齊克果之所以強調單獨的個人，其源流出自新約。齊克果引用使徒保祿致格林多前書（九章廿四節）的話：「你們豈不知道在運動場上賽跑的，固然都跑，但只有一個得獎賞嗎」？齊克果對此語再三思考而加以發揮。他主張在神的眼中，我們每人並不是無名無姓的「羣眾」，而是那可能得獎的「一個」。

以「個人」爲主的「存在」這一觀念已爲所有存在思想家所共同接受。無論是海德格所說的「此有」（Dasein），沙特所說的「爲己」（Pour-soi），馬賽爾所說的主體，都以單獨個人爲出發點。雅士培則索性完全繼承齊氏衣缽，稱自己的思想爲「存在哲學」。

2.强調主觀眞理：齊克果所講的主觀眞理，就是每一個人所能够體驗到的，能够「爲之生爲之死」的眞理。譬如一個小孩子，你拚命跟他講應該努力讀書，他自己也會跟著講，但如他實際上不讀書，祇喜歡玩，祇喜歡看電視，那就不是他主觀的眞理。否則他自己會照著去做。又如你家中某人生病了，你馬上就趕回去，「家人生病必須回家」就是主觀體驗到的眞理。

我們中國哲學一向都是走著「主觀眞理」這一條路，那就是注重思想和行動一致。譬如宋儒程頤（伊川）說：「如讀論語，舊時未讀是這個人，及讀了，後來又只是這個人，便是不曾讀也」。這就是因爲論語未與你的生活發生密切關係，未能成爲你的主觀性眞理。伊川先生又說了下面這個譬喻：大家雖沒見過老虎，都知道老虎可怕，這只是浮泛的眞理。如果有人眞正遭遇過老虎，他才會眞正的「談虎色變」！這時他對老虎的認識就是主觀性眞理，也就是伊川所說的「實理」。

3.重視個人的自由與抉擇：自由與抉擇也是存在思想家的共同主題。沙特的說法尤其極端，他步隨海德格，稱自由抉擇的行動爲「設計」（Entwurf, Projet）以爲人的價值全在自由：我喜歡站在這裏，就創造了一種價值，此外別無價值可言。人自由決定以後究竟怎樣呢？沙特以爲，一個人如果決定走路，前面即或是懸崖，走過去會跌死，也沒關係。人一定要向前走，非向著未來設計不可，設計本身就是價值。沙特認爲人生本來是無意義的，能走幾步就走幾步，走幾步就創造了幾步的價值。

我國的孔孟思想也很講究自由抉擇。但這自由抉擇應當向一定的方向走，那就是向著仁、義的路走，並不像沙特所云，漫無目標，任人自己「設計」出價值來。因此孔子說：「志士仁人，無求生以害仁，有殺身以成仁」。孟子也說：「魚我所欲也，熊掌亦我所欲也，二者不可得兼，舍魚而取熊掌者也。生亦我所欲也，義亦我所欲也，二者不可得兼，舍生而取義者也」。何以我們的自由抉擇應當「成仁」「取義」呢？儒家哲學告訴我們，這是人的天性。沙特則絕口否定這點：他認爲人沒有現成的「天性」，人的「本質」靠人自己設計。然而雅士培卻會說：無條件的道德抉擇使人與「超越界」接觸；馬賽爾也會說道德抉擇使人分享「存有」。即此可見存在哲學並不祇有消極一面，也有和我國固有倫理思想融合的另一面。它原是當代人對道德問題的新的嘗試而已。

今日存在思想有三個方向：一個是沙特經由過去的存在主義而走向馬克思；一個是雅士培、馬賽爾等，經由自己的決定，透過道德或信仰，走向超越界；或者像海德格一般，透過人生經驗去理解「存有」。

當代存在思想雖發源於上世紀的齊克果，但發揮這一思想的重要著作都在二十世紀上半期問世，因此可以說是二十世紀前半期的哲學主流之一。直到現在，存在思想仍保持相當大的力量。對中國哲學來說，存在思想頗和我國接近。我國的「眞知」與「德性之知」接近「主觀眞理」，雅士培的道德抉擇則接近我國傳統的「成仁取義」。

貳　存在思想祖師——齊克果（Sören Kierkegaard）

一、簡單的一生

齊克果的一生，表面上非常簡單。一八一三年五月五日生於丹麥首都哥本哈根，那裏他度過了童年和大學時期。大學尚未畢業的一八四〇年夏季，完成了神學正式考試，獲得了充任牧師的資格；可是事實上齊氏一生沒有充任過牧師。次年九月他以「諷刺的概念」這篇論文考取碩士學位（Magister artium）。以後他從未在任何機構任職，而以全副精力從事著述。他的著作也就接連不斷地大批出籠：從一八四三年至五二年間，每年都有二、三册至五、六册書出版。一八五三年至他離世的一八五五年三年期間，則祇發表幾篇文章。因此，假使齊氏要在我國大學任職的話，申請書中的「經歷」一項，他祇能寫一八三七至一八三八年間在哥本哈根一所中學裏敎過拉丁文，而著作一欄則可寫上一大堆。很少人的一生會是這樣簡單、刻板。康德、謝林、黑格爾等德國哲學大師，至少都在大學中當過教授，而齊克果則除去思想與寫作以外，幾乎什麼事都不做。無怪乎他喜歡用維克多隱士（Victor Eremita）、默靜修士（Frater Taciturnus）、沉默的約翰（Johannes de Silentio）等等筆名發表他的著作。

在這短促而表面簡單的一生中，齊克果內心所體味所思考的，卻超過常人幾倍以上：內心生活可以說是齊克果生活的全部。齊氏的感情非常豐富，給與他的衝擊非常巨大；而對他影響最深的，則是他的父親和那一度是他未婚妻的蕾琪娜·奧爾遜（Regina Olsen）。感情方面的打擊更使齊氏思潮澎湃，一瀉千里，而發爲不朽巨著。

幼年時的齊克果非常崇拜他的父親。後來由於他在大學時期生活放蕩，一度和父親鬧得不愉快，但終於言歸於好。一八三五年的日記中齊克果說起「大地震」，這可怖的震驚無疑地涉及他的父親，因爲他接著就猜疑他父親的高齡是一種詛咒❶。究竟是怎麼樣的一回事呢？勞銳揣測是指他父親幼年時在約特蘭看羊，飢寒與孤獨交迫，一次在絕望中，站在冰丘上詛咒上帝。也可能是指他父親尚未結婚就與母親同居的罪。無論如何，父親在他心靈中所引起的「大地震」對他產生相當嚴重的後果：原來已傾向憂鬱的齊克果，更覺得他們闔家似乎都已遭到上帝的譴

---

❶ *The Journals of Kierkegaard 1834-1854*, A Selection Edited and Translated by Alexander Dru, Collins, Fontana Book, London 1965, p. 39.

責❷。

另一樁使他畢生不幸的事是他對蕾琪娜的愛情。一八三七年五月，他第一次遇見蕾琪娜，那時他剛剛廿四足歲，蕾琪娜十七歲。從此，他就深深陷入戀愛，但一時無法表露。一八四〇年完成神學考試以後，他就與蕾琪娜逐步接近；九月八日那天，他大膽聲明自己已追了她兩年，九月十日獲得了對方的同意訂了婚。照一般人的想法，他那時是一個幸運兒，因爲蕾琪娜居然拋棄她原來的男友而傾心於他。可是實際上大謬不然，齊克果反因此墮入痛苦的深淵❸。訂婚後的第二天他就發覺自己鑄下大錯：一方面他似乎因自己所曾犯過的錯誤而自慚形穢（一次酒醉中，他受人勾引去叩訪過一位妓女❹），另一方面他覺得自己不可治療的憂鬱會導致蕾琪娜於不幸。經過了激烈的內心掙扎，一八四一年八月間出版「諷刺的概念」一書以後，齊克果終於在十月十一日解除了婚約。

究竟是什麼理由使齊克果出爾反爾自討苦吃呢？在解除婚約以前，蕾琪娜曾費盡心機挽救他們之間的關係，甚至曾一聲不響跪在齊克果足前。可是齊克果依舊硬著心腸，把訂婚戒指送回，再過兩個月，終於關係決定性地破裂。凡此一切，都是齊克果自己一手造成的。婚約解除以後，

❷ Walter Lowrie 著，孟祥森譯：齊克果一生的故事，臺北市臺灣商務印書館民國五十七年六月三版，六四——六五頁。

❸ *The Journals of K.* pp. 69-70.

❹ 同上，八五頁。

他卻又懷徼倖心理，憧憬著破鏡重圓。甚至當蕾琪娜於一八四三年和從前的男友席萊格（Schlegel）結婚以後，齊克果還想和她締結某種特殊友誼關係。外人不禁要問：早知如此，何必當初？的確，齊克果解除婚約時的心理非常矛盾：一方面他很愛蕾琪娜，熱烈地想望和她結合；另一方面他覺得自己太憂鬱，不能使她幸福。同時他認爲蕾琪娜並不瞭解他：他有特殊的宗教使命，而她的宗教生活卻很膚淺，終究會成爲他的絆腳石。他再三考慮，終於選擇了獨身。但抉擇以後，內心中的思念之情並未消失，事實上齊克果至死熱愛著蕾琪娜。她成爲哥德所說的理想化的「永久女性」（Das Ewig-Weibliche），成爲齊克果創造力和靈感的泉源。尤其是齊克果的「感性作品」，直接間接幾乎都與蕾琪娜有關係。因此，齊克果在愛情上的悲劇，對他的思想和寫作生涯來說，可能倒是件好事呢？

美納（Pierre Mesnard）在「齊克果的眞面目」一書中，想用佛洛依德心理分析方法去剖析齊氏❺。不管美納這項努力是否成功，我們認爲一個思想家本身的意義，是不能祇由本身是否有病態這項事實來評價的。齊氏的父親似乎患著嚴重的憂鬱症，他的哥哥幾近神經失常，他的兩個姪子都發過瘋❻。齊氏自己也承認已數次步入瘋狂的邊緣。他運用精神上最大的努力，纔使自己安靜下來，不墮入瘋狂境界。齊氏由家族所遺傳的精神病傾向，也許可以使我們對他感情上所受

---

❺ Pierre Mesnard: *Le vrai visage de Kierkegaard*, Beauchesne, Paris 1948.

❻ Walter Lowrie，齊克果一生的故事，一二一頁。

極深的打擊，獲得一部份瞭解。因爲在常人眼中，齊氏所受的感情挫折並沒有嚴重到怎樣不可思議，更何況大部份還是他自己招惹出來的。

在「恐懼與顫怖」一書中，齊克果引用塞內加（Seneca）的話說：「從來沒有過一個偉大的天才而不帶些許瘋狂的」(Nullum usquam exstitit magnum ingenium sine aliqua dementia)❼。這句話似乎頗適用於齊克果身上。他與蕾琪娜締訂婚約以後又解除婚約的故事，和卡夫卡與其未婚妻斐麗翠之間的關係先後如出一轍：卡氏與斐麗翠相識於一九一二年八月，一九一四年六月一日訂婚，七月十二日婚約即告取消。一九一六年七月再度訂婚，又復於一九一七年聖誕節解除婚約。卡夫卡害怕與他最親愛的人締結良緣，因爲他怕自己會使妻子同歸於盡，情形有些與齊克果相似❽。

下面的簡表也許能幫助我們對齊克果一生的事蹟和重要著作一目了然。

一八一三年：生於哥本哈根。

一八三五年：「大地震」。

一八三七年：第一次遇見蕾琪娜．奧爾遜。

---

❼ 梭倫．齊克果著，孟祥森譯：恐懼與顫怖，臺北市敦煌書局民國五十七年五月初版，一六〇頁。引用譯文時本文作者已稍作修改。

❽ Hansres Jacobi: 卡夫卡給未婚妻斐麗翠的書信，現代學苑月刊六卷二期，一一——一三頁。

一八四〇年：夏季完成神學考試，九月十日與蕾訂婚。
一八四一年：九月十六日，碩士論文「論諷刺之概念」出版。
十月十一日，解除婚約。
同月廿五日去柏林開始寫「魚或熊掌」。
一八四三年：二月「魚或熊掌」出版（感性作品時期開始）。同年出版三册「啟廸性談話」、「恐懼與顫怖」、「重覆」。
一八四四年：出版「哲學片簡」、「憂懼的概念」以及三册「啟廸性談話」。
一八四五年：出版「生命途中的階段」和一册「談話」。
一八四六年：「對哲學片簡之最終的非學術性的附筆」（轉捩點）出版。
一八四七年：出版「從各不同觀點申述的宗教談話」（宗教作品時期開始）、「愛的行動」。
一八四八年：「基督信仰談話」、「我的著作生涯」問世。
一八四九年：「田野的百合花與空中的飛鳥」、「致死之疾」出版。
一八五〇年：「基督信仰中的勵練」出版。
一八五一年：「省查良心」出版。
一八五四年：與丹麥教會的爭辯開始。
一八五五年：「一瞬間」小册子九册問世，第十册出版以前齊氏病倒，十一月十一日與世長辭。

二、重要著作及思想剖析

根據齊克果在「我的著作生涯」⑨中的表白，他的著作可以分爲三個時期。第一期包括所謂感性作品：魚或熊掌、恐懼與顫怖、序言、憂懼的概念、哲學片簡、生命途中的階段，此外還有十八篇陸續發表的宗教談話。第二期是第一與第三期中間之轉捩點，祇包括「最終的非學術性的附筆」一部著作。第三期是純粹的宗教著作：從不同觀點所作的宗教談話、愛的行動、基督教談話集。此外還有一篇小小的感性作品：一個女演員生活中的危機。

齊克果發表「我的著作生涯」是在一八五一年，當然不能提及那年以後所發表的著作。這以前發表的也並未全部收集在內。但齊氏一生的重要著作，的確已包括在裏面。

㈠感性作品

上文已經說起，感性作品多少都與齊克果當時所受感情打擊有關。一八四一年十月十一日，

⑨ S. Kierkegaard 著，孟祥森譯：作爲一個作者我的作品之觀點，臺北市水牛出版社民國五七年初版，一三頁。本文作者已改譯此書書名。Robert Bretall (ed) *A Kierkegaard Anthology*, Randon House, New York 1946, p. 324 note.

他解除了婚約，引起了巨大的非議，心靈上的創痛更使他如啞子吃黃蓮，有口難言，於是他在二星期後的十月廿五日去柏林。那裏他除了聽謝林（Schelling）的課以外，匆匆忙忙地趕寫「魚或熊掌」（Enten-Eller）。一八四二年三月六日他回哥本哈根，依舊繼續寫作此書；翌年二月二十日，這二巨册遂以維克多隱士的筆名爲編者問世⑩。

「魚或熊掌」這本書可以說是存在思想的經典著作。齊克果在這本書的序文中，以維克多隱士署名故弄玄虛，說他（隱士）買了一張舊寫字檯，有一次要打開抽屜拿錢，拉了半天拉不出來，一怒之下拿起斧頭重重地打在寫字檯上。這一擊非同小可，一扇秘密的門自動打開，裏面藏著許多手稿。這些手稿分成二部份，一部份沒有具名，內容非常複雜，「隱士」就加以整理，名之爲A的手稿；第二部份的作者則是一位法官，名叫威廉，內容是對A手稿的答覆，「隱士」稱之爲B的手稿。AB二手稿也就構成了此書的上下二册。

既然齊克果在「我的著作生涯」中已承認他是「魚或熊掌」一書的作者，那末我們這裏就不必再跟著他捉迷藏了。齊克果在上册中描寫感性的人生態度，也就是祇管眼前享受的享樂主義的態度。他用七篇內容完全不同的長文反覆表達感性的人生態度，其中最精彩的是「性愛的直接階段」（討論莫札爾特的唐璜這一歌劇）和「引誘者的日記」這兩篇。在「引誘者的日記」中，齊克果把感性的人生態度描寫得格外露骨：引誘者整個生命祇是爲著一己的享樂，他千方百計爭取

⑩ S. Kierkegaand: *Either/Or*, *Anchor Books*, Doubleday, New York, 1959, 2 Voll.

高黛麗亞（Cordelia）的心，訂了婚，但他所眞正介意的是他自己。

「魚或熊掌」下册的前一部份討論「婚姻的感性效力」，意思是：婚姻生活是感性表現，同時又是日常道德的準則：道德生活是感性生活的正常發展。相愛的男女深深相信自己已形成完美的一體，他們的愛是永恆的，永遠不會變易。齊克果認爲這樣的確信植基於具時間性的事物，因此是靠不住的。愛的眞正的永恆性在道德生活中才能找到。「婚姻的感性效力」以後，第二部份討論「感性與道德因素在人格組成上的均衡」。齊克果認爲「以道德方式思想的人並不毀滅心靈的感受，而祇視之爲一刹那；這一刹那使他不生活在這一刻中，使他控制自己的快樂。控制快樂的方法不在於毀滅快樂或完全拒絕它，而在於限制時間……」[11]。「凡選擇道德而且在道德生活中找到自己的人，是在他的整個具體性中限制自己。……他把自己當作一種使命，這使命在於佈置、教育、節制、燃起、征服，簡言之，在於達到靈魂的平衡狀態，那種平衡是個人修養的結果」[12]。反之，僅以感性作生活標準的人，則不能把持自己，他是在自己的「中心以外」，他內部的許多因素都爭著要表現自己，而沒有一個站在更高地位的自我加以節制。這種分崩離析的局面終必使人陷入絕望。因此人必須超脫感性階段的分散狀態，把握自己，成爲他自己：「人格性

---

[11] S. Kierkegaard: *Aut-Aut, estetica ed etica nella formazione della personalità*. Denti, Milano 1946, p. 188. 此書卽「魚或熊掌」下册一部份的意大利文譯本。本文作者初與此書接觸時所用的是意文譯本，因此就引用這一譯本。

[12] 同上，一五二頁。

願意在他永恆價值中獲得自我意識」⑬。這點可以說就是「魚或熊掌」的要旨所在：齊克果要他的讀者能夠在感性與道德生活二者作一抉擇。他自己在魚與熊掌不可兼得時，就毅然選擇了他深思熟慮以後所認爲必須選擇的步驟。

發表了那部巨著以後，齊克果立刻動手寫別的書：那年他接著又出版了五册，其速度非常驚人。這五册書中，三册是「啟廸性談話」，二册屬於感性作品，那就是十月七日同時出版的「恐懼與顫怖」和「重覆」。

「恐懼與顫怖」以舊約中聖祖亞巴郎受命殺子當作祭品的故事爲題材，用以解釋信仰的深意。齊克果再三強調：亞巴郎準備執行上帝之命殺死他老年時所生的獨子依撒格，這項行爲已把普遍的道德規律擱在一邊；亞巴郎和上帝直接發生關係，「他以個人資格超越了普遍」；「個人以他對於絕對者的關係來決定他與普遍者的關係，而不是由他對於普遍者的關係來決定他與絕對者的關係。我人也可這樣表達這一吊詭性或反常性（Paradox），那就是對上帝有一種絕對的義務」。「這項義務既是絕對的，倫理道德就被降到相對的地位。然而，這並不是說倫理應被取消，而是接受一個完全不同的表現方式，卽吊詭的表現方式。譬如說，對上帝之愛可導使一個信仰騎士，用一種與倫理義務所要求的完全相反的方式，去表達對鄰人的愛」⑭。換言之，信仰是

⑬ 同上，一一八、一一二——一一三、七七、七三頁。

⑭ S.K. *Crainte et Tremblement*, Aubier, Paris 1946. pp. 105, 110-111. 本文作者也參考了孟祥森的中文譯本，但所引用的句子已予重譯。

個人以個人身份對上帝的絕對關係，是「向永恆的幸福跳躍」(ein seliger Sprung in die Ewigkeit)，因此超過普通的道德規律。齊克果寫這本書時，很明顯地是影射著自己像亞巴郎一般，為了執行對上帝的絕對義務，放棄了結婚的倫理普遍規律。這本書可以說是替齊克果解除婚約的辯護，同時揭示了他內心深處的宗教情愫。

和「恐懼與顫怖」同時出版的「重覆」一書也與「魚或熊掌」的上册一般，敍述感性的人生態度。書名「重覆」表示他反對黑格爾的「內化」(Er-innerung) 觀念。黑格爾所說的「內化」，是正反二面以辯證方式形成更高綜合的生命程序，自我的決定在這程序中不佔重要位置。齊克果則覺得自我的決定每次保存其獨特性，因此不祇是過去正反二面的「內化」，而是再一次的「重覆」(Wiederholung) ⑮。

一八四四年六月八日，齊克果發表「哲學片簡」；同月十七日出版「憂懼的概念」。這兩本書都非常重要：前者首次發揮齊克果哲學中的人生三階段理論，後者則用憂懼這一概念解釋原罪和其他罪惡的心理程序。

「哲學片簡」是部很短的著作，原書祇有九十三頁，然而卻發揮了一項中心思想，那就是人生可以分成感性、倫理、宗教三個階段，視人所把握的基本價值而異。有些人終身處在感性階

⑮ Johannes Hirschberger: *Geschichte der Philosophie*, 2, Neuzeit und Gegenwart, Siebte neu bearbeitete Auflage, Herder, Freiburg i. Br. 1965, S. 495-6.

段，另一部份人開始是在感性階段，以後進入倫理階段，也有人再進而至宗教階段。感性階段的人祇追求一己的即刻滿足，逃避責任，最怕單調所產生的厭倦，因此要窮耳目聲色之樂，但結果還是捕風捉影而已。倫理階段的人以行善避惡和義務爲事，一如康德所要求。許多人以爲道德生活就是宗教生活，齊克果卻期期以爲不然，至少在基督宗教中二者是不同的。罪惡依一般的看法是違反規則，但依基督信仰來說，罪惡是侵犯神本身，耶穌基督並不如蘇格拉底一般祇是位普通的師傅，而是「在時間中的神」。神原是「絕對的不同者」，但在耶穌身上，神和人成爲完全相同。齊克果稱這件事爲「絕對的吊詭」(Absolute Paradox)。信仰耶穌基督而且實行這個信仰，與道德生活截然不同；宗教生活完全屬於另一階段。

「憂懼的概念」一書的重要性是大家所公認的。海德格雖以爲齊克果的美感作品沒有什麼哲學價值，但「憂懼的概念」他覺得是一個例外⑯。這本書的主要課題是：罪惡究竟如何進入世界？

齊克果對這個問題的解釋，據他說完全基於自己的經驗，沒有這種經驗而要想靠別人去瞭解這個，是做不到的事。

他以爲可以用下面這一方式解釋原罪。

---

⑯ Martin Heidegger: *Sein und Zeit*, Max Niemeyer Verlag, Halle a.d. s. 1929. S. 235. Anmerkung.

創世紀對原罪有如下的記載：

「在上主天主所造的一切野獸中，蛇是最狡猾。蛇對女人說：『天主眞說了，你們不可吃樂園中任何樹上的菓子嗎？』女人對蛇說：『樂園中樹上的菓子，我們都可以吃；只有樂園中央那棵樹上的菓子，天主說過，你們不可吃，也不可摸，免得死亡。』蛇對女人說：『你們決不會死。因爲天主知道，你們那天吃了這菓子，你們的眼就會開了，將如同天主一樣知道善惡。』女人看那棵菓樹實在好吃好看，令人羨慕，且能增加智慧，遂摘下一個菓子吃了，又給了她的男人一個，他也吃了。於是二人的眼立卽開了，發覺自己赤身露體……」⑰。

齊克果於是說：人類始祖開始是無罪的，而「無罪就是無知」，「精神尙在睡眠中」。在這一境界中有的是平和與安靜，但同時有另一件事：那並非不安、戰鬪，因爲根本沒有什麼可以戰鬪的東西。那末是什麼呢？是空無。空無發生什麼效果呢？它產生憂懼。無罪的最深刻秘密是：它同時是憂懼。精神在夢中投射自己的實在；但這個實在就是空無，無罪始終在自己以外看到這個空無。

憂懼是精神在夢中的一種限定……。醒時自我與他人之間的區別是明顯的，睡眠時這區別被擱置；在夢中空無被托出。精神的實在經常以一個對自己的可能性躍躍欲試的形像表顯出來；但是當精神要握住這形像時，它就消失於無形：它是祇能令人憂懼的空無。……憂懼的概念與恐懼

---

⑰ 創世紀三章一至七節，香港思高聖經學會一九六八年出版。

及其他類似概念完全不同，那些概念與某種確定事物有關，而憂懼則是作爲可能性之可能性的自由之實在性」⑱。

齊克果這段話可以概括成下面形式：無罪卽無知，無知就是「精神在夢中」的情況，這時精神看到自己的空無而發生憂懼。也許有人會說：何以小孩子身上沒有憂懼現象呢。齊克果會回答，這是因爲小孩子的精神還沒有發展。憂懼以下列方式表現出來：人是靈魂與肉體的綜合，二者綜合於精神上。精神開始時是在夢中，精神和自己發生關係時就產生憂懼，憂懼卽自由的可能性，也就是做或不做的可能性。「禁令喚醒自由的可能性，禁令使亞當憂懼。」「禁令所喚醒之能力的無限可能性，這時就更走近一步……。」這樣無罪就被帶到另一極端：無罪是無知，是「精神在夢中」的境界；精神由自己的空無狀態發生憂懼，也就是自由的可能性。自由的可能性更被禁令所喚醒，因爲「這可能性表顯了另一可能性」，也就是犯罪的可能性。於是人就墮落，犯了罪：犯罪行爲並非必然的，而是自由的，是一項改變性質的「跳躍」⑲。

在另一處，齊克果對於憂懼如何導致犯罪的心理過程有更好的描述：「憂懼可以與眩暈相比。一個人向深淵的底看去，會覺得眩暈。可是，眼睛更是眩暈的原因；因爲那人必須向深淵看。這樣憂懼是自由（這裏「自由」作名詞用）的眩暈：當精神在形成綜合、自由向下觀察自己

⑱ S. K.: Il *concetto dell'angoscia*, Sansoni, Firenze 1963, pp. 50–51.

⑲ 同上，五四、五五、五八頁。

的可能性而攫住有限並且定滯於有限時，自由就發生眩暈。它就在眩暈中倒下去」[20]。齊克果的分析是否能使我們瞭解原罪，這是另一問題。事實上，正如澈斯多夫（Léon Chestov）所指出的，齊氏曲解了創世紀：無罪境界並非精神的睡眠和空無，更不是憂懼，這一切都發生在犯罪以後[21]。

這裏讓我們繼續講完齊克果對憂懼的觀點：犯罪以後悔恨就來啃噬人的心靈，這時「憂懼就絕望似地投身到悔恨懷中」。然而悔恨並不能取消罪惡，祇能使人悲戚。再來一次犯罪的機會，憂懼又使人眩暈，又會再使人失足。唯一能解除悔恨的「詭辯」者是信仰[22]，即投身到無限者懷中。

關於無信仰者身上的憂懼，齊克果的看法如下：「如果我們問，這裏憂懼的對象是什麼，我們必須像別處一般地回答：它是空無。憂懼與空無時常互相應對。但是，對於無信仰者來說，憂懼的空無究竟確切地指點什麼呢？它是命運。……命運正是必然與偶然的聯合。這種關係的最好表現是『盲目的命運』之想法；事實上誰盲目地向前走，他同時必然而又偶然地在走路。一種不

---

[20] S.K.: Il *concetto dell' angoscia*, pp. 141-146.

[21] Léon Chestov: *Kierkegaard et la Philosophie Existentielle*, Librairie philosophique J. Vrin, Paris 1936, pp. 133-134.

[22] 同上，一四一——一四六頁。

自覺的必然性，對繼續的一刹那而言，它是偶然。所以命運就是憂懼的空無」㉓。換句話說，一個人如果不投身到無限者絕對者懷中，他就會投身給「盲目的命運」。命運把我們帶向必然的境遇中，但我們自己對命運的擺佈卻有無可奈何的感覺：我們是被命運牽著鼻子走，自己莫名其妙，自己也不知道下一步走向何處。這也就等於說：我們對必然地擺佈捉弄我們的命運的感覺是偶然。「偶然」是不可捉摸的，它是空無。對於不可捉摸而又決定我們吉凶的命運，又何怪乎會發生憂懼？

感性時期值得提及的另一著作是「生命途中的階段」（孟祥森誤譯英文 stages 一字爲「舞臺」），出版於一八四五年。這本書的前一部份多半是在描寫齊克果自己的生活經驗。

(二)轉捩點

所謂「轉捩點」，是指「對哲學片簡之最終的非學術的附筆」這本書，於一八四六年二月出版。這本書稱爲「附筆」，令人以爲是篇短文，其實是册五五〇頁的洋洋巨著。齊克果稱之爲他寫作生涯的轉捩點，因爲這以後，齊克果的唯一問題將是如何成爲基督徒㉔；一直到那時爲止，齊克果可以說祇是在做準備工作。正如書名所示，齊克果在這裏繼續發揮一八四四年那本書的題

㉓ 同上，一二〇——一二一頁。

㉔ 齊克果著，孟祥森譯：作爲一個作者我的作品之觀點。臺北市水牛出版社民國五七年初版，四四頁。

旨，把宗教分成兩種層面，卽A與B兩種宗教。A是內在的宗教，它的罪是人和自己的絕對目標失去聯絡。B則是特異的宗教，它揭示了「在時間中的神」——耶穌基督；這裏的罪是與進入歷史和時間中的神失去聯絡。對於眞理，齊克果也作了前人所未作的思考：他強調眞理的主觀性：主觀地吸收的眞理是一種「對我爲眞」的眞理，一種從生活體驗而不祇是冷眼觀察到的眞理，也就是存在的眞理；齊克果所云的存在是個人的存在。他最討厭黑格爾那樣的思想家：他認爲黑格爾建立了美妙的思想大廈，但他自己不住在裏面。在這樣的思想體系中，人的主體已成爲可有可無的東西。齊克果則要維護個人的存在。存在是在變化中，變化必須牽涉到未來，而未來使我發生不確定和憂懼，因爲我不知道明日會替我帶來什麼。主觀地體味的思想家因此會覺得生命的不確定性，同時會發覺死亡是一個很接近的可能性——不是對所有生物都註定要死的一般性的認識，而是屬於每一存在的死亡可能性。面對未來，存在的主體必須要替自己作抉擇，這樣才能達到他純眞的自我。從感性階段到道德階段需要抉擇，從道德階段到宗教階段更需要抉擇。

㈢宗教著作

上文已指出，「最終附筆」這本書是齊克果寫作活動的轉捩點，這以後的齊克果是澈頭澈尾的宗教思想家，從此，他的唯一問題是：「我如何成爲基督徒？」其實，從一八四三年五月到一八四六年二月，齊克果已經發表了不少「啟迪性談話」，這些「談話」也都帶有宗教意味。但齊克果自己卻認爲那些談話「祇應用內在的道德範疇」，並未涉及耶穌基督，也並未應用信理神學的專門名詞㉕。「最終附筆」以後的正式宗教著作則完全是另一回事：齊克果喜歡把自己和傳教士相比擬，他要把基督眞諦重新帶入基督敎界。可是他本身並未受敎會的委託，他的話不帶任何權威。因此齊克果始終不敢以「講道」自命，而稱自己的大多數的宗教作品爲「談話」。値得一提的是，所有「啟迪性」和「宗教性」談話都用齊克果本名發表；終其一生，齊克果所寫的「談話」不下八十餘篇。「啟迪性」談話範圍較廣，內容也可以包括宗教，「宗教性談話」則以狹義的基督敎義爲中心題材。事實上，一八四六年以後所寫的「談話」雖多半爲純宗教的，但直到一八五〇年，齊克果還發表過「啟迪性談話」。

這裏我們必須加上一個揷曲：一八四六年「最終附筆」問世以後，齊克果曾赴柏林一行，歸來以後，他於六月十二日把一位被革職的牧師亞得肋（A.P. Adler 1812-69）最近發表的六本書全部買來。仔細閱讀以後，就著手撰寫批評亞得肋觀點的書，全書於一八四六年底以前完成。但是由於齊克果對亞得肋並無反感，亞氏又是一位新近被革職的牧師，公開抨擊他有點像打落水狗，所以在齊克果有生之年，此書不曾發表，整整一世紀以後才問世。亞得肋曾獲碩士學位，也像齊克果一樣到過德國攻讀，非常熱中於黑格爾哲學。一八四一年，亞氏任波霍爾姆（Bornholm）

㉕ S.K.: *Edifying Discourses*, a Selection, Fontana Books, Collins, 1958 Introduction by Paul L. Holmer, p. 13.

島的鄉村牧師，頗得居民愛戴。一八四二年他見到「光的異象」，從此他放棄黑格爾哲學。據他說，耶穌基督吩咐他把以前所發表的四本書和手稿都付之一炬。一八四三年他自己付錢出版了「若干宣講」這本巨著，自稱此書大部份係耶穌所親授。一八四五年，爲敏斯特主教（Bishop Mynster）革職，理由是亞氏精神不正常。革職以後，他立刻發表了攻擊教會的一本小册子，接著又於一八四六年同日出版四本書。很奇怪，齊克果並不支持亞得肋觀點，反而維護了丹麥教會的權威。另一方面，他卻認爲亞得肋被革職時，正是他開始成爲基督徒之際㉖。

一八四七年三月十三日，齊克果發表「從各不同觀點申述宗教談話」一書，裏面包括「清心是志於一事」㉗、「田野的百合花和天上的鳥」、「痛苦的福音」各篇。丹麥人蓋士瑪（Eduard Geismar）係畢生研究齊克果的專門學者，他認爲「清心是志於一事」是齊氏直接從他與神的交往所湧現出來。這篇「談話」的緒論與結論都以「人與永恆者」爲題，而以同一禱詞開始並作結局：「天父啊，人沒有祢算得什麼呢？人若不認識祢，他所知道的算得什麼呢？雖然他儲備浩瀚的知識，也不過是一點瑣屑破片而已。……獨一的神啊，祢是一，祢也是一切！……求祢在人的憂愁悔改時，把他所需要的那個勝利賜予他：那就是志於一事。」

㉖ S.K.: *On Authority and Revelation*, The Book on Adler, Harper & Row York, 1966, XLV-XLVI, 178.

㉗ S.K.: 祁克果的人生哲學，香港基督教輔僑出版社一九六三年七月初版，一九九——三六三頁。

同年九月廿九日，「愛的行動」一書出版了，這是基督宗教的中心題旨之一。和「清心」一般，「愛的行動」也用動人的禱詞開始：「愛的天主啊，要如祢被遺忘，怎麼還能正確地討論愛呢？祢是天上地下一切愛的泉源，祢什麼也不慳吝，而在愛中施予一切；祢就是愛，所以愛的人祇因在祢內才能如此……」㉘。因此，這本書所說的並非羅曼蒂克的愛，而是基於神的「愛德」。

一八四八年，齊克果撰寫「我的著作生涯」㉙。此書到一八五九年齊氏逝世後才由他的哥哥彼德發表。齊克果在這裏指出他是那些感性和哲學作品的著作者。他說自己的全部著作事業（稱爲著作「事業」實在是名實相符：齊克果在一八四二年至一八五一年間，一共寫了三十五部書籍和大部份日記）帶有雙重性，卽他同時是感性與宗教作品的作者。齊克果自己卻認爲，他一開始就是宗教作者：他在出版了「魚或熊掌」的三個月以後，就發表了二篇「啟迪性談話」。他自稱左手拿著感性作品，右手拿著啟迪性談話，但人們都用右手抓取他左手所呈獻的。

一八四九年七月三十日，「致死之疾」出版㉚。這本書的英文譯本於一九四一年才問世；日文譯本於一九三八年初版，一九五八年已出第二十六版，可見其受歡迎之一斑。「致死之疾」這

㉘ S.K.: *Works of Love,* Some Christian Reflections in the Form of Discourses. Harper & Row, New York 1964.

㉙ 此書卽「作爲一個作者我的作品之觀點」。

㉚ S.K.: 祁克果的人生哲學，七一——一九八頁。所引用譯文已參照意文譯本稍作修改。(Il *concetto dell' angoscia-La malattia mortale,* Sansoni, Firenze, 1953 p. 217)

個書名，導源於若望福音十一章四節，那時有人告訴耶穌，說拉匝祿病了，耶穌說：「這病不至於死」，因爲他知道拉匝祿不久要復活。齊克果卻指出有一種致死的病疾，就是絕望，並指出這病的普遍性。何以人會絕望呢？因爲「人是有限與無限、暫時與永恆、可能性與必然性間的一個綜合」。綜合是上述二種因素之間的關係；這一關係與它自己相接觸時，就產生了自我。和自己相接觸的自我，應當由它自身而生，或者由外而來。由是而發生二種絕望：如果人的自我由其本身構成，就會因不願做自己而絕望，這時一個人要將他的自我除去；但如人的自我由外力而成，自我就不能靠自己達到平衡至於安息，只有在與自己相接觸時，同時與那造成整個關係者相接觸，自我才能安息。這第二種絕望，齊克果視之爲一切絕望的根源。「事實上，描寫自我的絕望之完全被解除狀態，不外下列方式：自我必須與他自己相接觸，願意做他自己，這樣，自我就透明地以那造成自我的力量爲依據。」這所謂造成自我的外力，就是無限者，就是神，以祂爲依據也就是齊克果所云的信仰。「誰不要沉浸於有限的悲慘中，他被迫以最深刻的意義走向無限」㉛。

一八五〇年九月廿五日，「基督信仰中的勵練」一書問世。其中第一篇主張基督徒與基督同時。因爲「就絕對者而言，只有一個時間觀念，即是現在。對於凡不與絕對者同時的，絕對者對它即是不存在。基督既然是絕對者，所以基督徒要與基督眞正互相接觸，就很顯然必與主成爲同

㉛ S.K.: Il *concetto dell'angoscia.* Sansoni, Firenze 1953, p. 201.

時」㉜。

一八五一——五二這兩年中，齊克果陸續撰寫了「省查良心」上下二部份，但祇發表上部份㉝。一八五三年他工作得很緊張，但並無著作發表。翌年一月三十日，敏斯特主教逝世；葬禮時神學教授漢斯．馬丁生（Hans Martensen）稱敏斯特爲眞理的見證。這件事使齊克果忍無可忍；他早已蓄意說出他內心要說的話，那就是敏斯特並不代表眞正的基督宗教。他之所以忍耐到如今，是因爲敏斯特是他父親在世時所崇敬的人物。現在敏斯特既已死去，齊克果就覺得不必再有所顧忌。於是他在二月間寫了一篇反駁文章，題名「敏斯特主教是一位眞理的見證人——這是否眞理？」當時因爲馬丁生是主教候選人之一，齊克果爲了避免對他有所損害，所以不立刻發表那篇文字。未幾馬丁生繼敏斯特爲主教，攻擊文字也就在同年十二月十八日的祖國日報出現。齊克果認爲敏斯特所宣講的基督教義，刪除了有關自我犧牲和痛苦的一切；他的宣講如果與新約放在一起，就很成問題。一位眞理的見證必須爲眞理犧牲受苦，而敏斯特並未做到這點㉞。

可想而知，齊克果這篇文字引起了很大的一場風波。一八五五年一月至五月，他寫了一連串辯論文章，連第一篇一起共二十一篇，都發表在祖國日報。五月廿四日開始，齊克果出了九種小

㉜ S.K.: 祁克果的人生哲學，四二六頁。
㉝ S.K.: *For Self-Examination*, Augsburg, Minneapolis 1965.
㉞ S.K.: *Attack upon Christendom*, Beacon Press, Boston 1966, pp. 5-9.

冊子，均以「一瞬間」爲名。這些小冊子對丹麥教會抨擊不遺餘力，甚至罵教會中人爲法里塞人、僞善者、吃人者㉟。他極其反對國家接受教會中人的效忠誓言。第九號「一瞬間」於九月廿四日問世。第十號已經撰就，尚未付印以前，齊克果於十月二日病倒在路上，失去知覺，被送入斐德烈醫院；十一月十一日與世長辭。

除去上面所介紹的這些著作以外，研究齊克果最重要的一種文獻是他的日記，一共二十冊；其中一八四九至一八五四年這段時期已達二八四五頁㊱。居魯（Alexander Dru）的英文節譯本已轉譯爲中文，可以說「慰情聊勝無」了。

三、齊克果與現時代

㈠齊克果與現代哲學思想

上面我們已按年代介紹了齊克果的重要著作及其主要內容，現在姑且把他的哲學思想總括成下列數點：

第一，十九世紀初期，歐洲思想界盛行黑格爾哲學。對於黑格爾，每個人的意義寓於他在歷

㉟ S.K.: *Attack upon Christendom*, pp. 120, 269.

㊱ Walter Lowrie 著，孟祥森譯：齊克果一生的故事。臺北市臺灣商務印書館五十七年三版，一九一頁。

史、國家的位置，尤其寓於他在普遍觀念演變至某一時代中所佔的位置。一切都以正反合的辯證程序進行著，個人本身的意義，就寓於他在這程序中所扮演的角色。齊克果劇烈反對這種說法：他不願被視爲整體中的一部份，決然否定「人類或種族高於個體」，而強調自己是「個人」，是獨特的「存在者」，是「有限與無限、時間與永恒」的結合。「在高天鑒臨一切，在這樣的高處一點不感到眩暈，明察萬眾，知道每一個人姓名的上帝——那至高的審察者說：『得獎的只是一人』」㊲。齊克果甚至要人在他的墓碑上寫上這句話：「那一位個人」。

第二，齊克果強調眞理的主觀性，主觀眞理卽由個人所吸收體驗的眞理，一個「對我爲眞的眞理」，那「我可爲之生爲之死的理念」㊳。祇認識那些眞理還是無補於事，必須付之行動。那些與存在脫節的認識使人忘記了自己的存在，這樣的思想對人毫無裨益。正因爲齊氏主張言行一致或思行一致，所以他看不起丹麥教會的牧師；他認爲他們祇在追求一己的舒服，與耶穌基督的精神簡直背道而馳。在希臘哲人中，他最佩服蘇格拉底，因爲蘇氏忠於自己的思想，甚至不惜一死。本著同樣理由，他極端輕視德國文學家哥德，以之爲「近代無性格之代表」人物；因爲哥德一方面祇自私地追求一己的享受，同時又利用他的詩替自己投上「高貴的表面」。換句話說，哥德筆下所寫的理念都與他的實際生命無關，他祇是一味追求自身的享受。

㊲ S.K.：祁克果的人生哲學，香港基督教輔僑出版社一九六三年七月初版，四九頁。譯文稍作修改。

㊳ 孟祥森譯：齊克果日記，臺北市水牛出版社民國五十七年四版，四九頁。

第三，人不可避免地會與空無、憂懼、絕望相遇。存在者發覺自己的自由抉擇能力以後，必須在不確定狀態中對自己作抉擇，從感性階段一躍而至道德和宗教階段。由於個人與無限接觸，因此他必須在無限與空無之間作抉擇。存在的個人始終有應當完成的任務，必須自強不息。這樣他纔能完成純眞的存在。

第四、絕對者——神與人完全不同，完全超過人思考能力以上。眞的宗教生活即個人和絕對者之間的關係。因此這關係超過一般的道德規律以上。神命令亞巴郎殺死獨子當作祭品，齊克果認爲這就是宗教範疇的最好例子；亞巴郎必須接受宗教範疇的吊詭性（Paradox）和似矛盾性，他必須違反愛自己的子女、不可殺人等普遍的道德規律，因爲絕對者親自向他作了特殊的要求。

上面這幾點都對當代的存在思想家產生很深刻的影響。齊克果之被稱爲存在思想之父，並不是一件偶然的事。最先受齊克果影響的二位德國哲學家是雅士培（Karl Jaspers 1883–1969）與海德格（1889–1976），海德格再影響沙特和若干其他思想家。基督教神學家爲齊克果思想所左右的最好例子則是巴特（Karl Barth 1886–1968）。

有人說雅士培哲學是齊克果思想的俗世化翻版。雅士培自己承認，第一次世界大戰時期，他澈底研究柏羅提諾（Plotinus），尤其受到齊克果的啟示：「存在」這一觀念就得自齊克果，從一九一六年開始，這一觀念統制了他的思想㊴。雅士培的「普通精神病學」完成於一九一三年，

㊴ Karl Jaspers: *Philosophy and the World*, Selected Essays and Lectures, Henry Regnery, Chicago 1963, p. 301.

這是他唯一先於一九一六年的重要著作；其他著作，包括「宇宙觀心理學」，都有齊克果思想的痕跡。在「齊克果與尼采」一書中，雅士培說他們二人都已跳躍至超越境界；尼采跳躍到「永久的重覆」和「超人」，齊克果卻投身到基督宗教㊵。雅士培自己則跳躍到「界限」以外的「包圍者」（das Umgreifende）；我們祇能窺見、接觸到「包圍者」的一小部份，而包圍者則把我們囊括無餘。

海德格雖自稱爲存有（Being）哲學家而非存在哲學家，但他對「此有」（Dasein）的存在所作之分析，很明顯得力於齊克果。上文曾說起齊克果對憂懼的解釋：憂懼卽自由的可能性，自由的可能性包括違反命令的自由；這樣的可能性是空無，是使人眩暈的深淵。海德格所云的憂懼，則是由於面對使一切歸於毀滅的空無而形成。齊克果的「致死之疾」，在海德格筆下變成「走向死亡之存有」（Das Sein zum Tode）。人走向死亡，趨於毀滅和空無，卻應當下決心替自己選擇存有的可能性。對於空無，海德格的思路淵源於齊克果，這是很明顯的事，但所得的結論卻異於齊克果的：他並未投身於齊克果的絕對者。海德格反對無人格性的「人們」（man），而強調「屬於自己的存有」，也是步齊克果反對「羣眾」強調個人的後塵㊶。

㊵ Walter Kaufmann: *Existentialism from Dostoevsky to Sartre*, Meridian Book, Cleveland 1962, p. 172.

㊶ Jean Wahl: *Petite Histoire de l'Existentialisme*, Editions Club Maintenant, Paris 1947, pp. 27-48.

沙特的「存有與空無」之受海德格影響，這是世所公認的一件事。沙特主張自由是說「不」亦即否定的力量，而否定把空無帶入存有之內㊷，這一理論，則是他直接由齊克果所因襲而來。人選擇時製造自己也是齊克果的思想㊸。

當代基督新教派神學家巨子巴特所受齊克果的影響也很巨大。巴特主張神和人完全不同，因此有限的理性無法理解無限的神，我人不能替啟示舉出任何理由。上面我們已曾指出，齊克果的宗教觀就是如此。還有一位著名的基督教神學家從不同觀點發揮了海德格的思想，即田立克（Paul Tillich 1886-1965）與步特曼（Rudolf Bultmann 1884-　）。

田立克在「存有的勇氣」一書中，主張人不可避免地置身於憂懼之中；有勇氣成爲自己，投身於「存有自身」，纔能面對這些憂懼㊹。當代人的存在已面臨空無的深淵，一切都顯得無意義，唯有投身到「存有自身」，存在纔能獲得意義。田立克所云的「存有自身」是否位格的神，至今尙無定論。

步特曼目前之聞名於世，多半由於他要從四福音中剔除「神話」成份，「恢復」四福音的「

㊷ J. P. -Sartre: *L'Être et le néant*, Essai d'ontologie Phénoménologique, Librairie Gallimard, Paris 1943, p. 65.

㊸ S. K.: *Aut-Aut*, p. 141.

㊹ Alexander J. Mckelway: *The Systemaatic Theology of Paul Tillich*, Dell Publishing Co. New York 1964, Introduction.

本來面目」。依步特曼的說法，福音對當代人的眞正訊息是：人有純眞與不純眞存在的可能性。純眞存在的先決條件是正視人存在的界限和他自己的死亡；不純眞存在則是面對死亡、憂懼、掛慮（Sorge）而臨陣脫逃，這樣反成爲它們的犧牲品㊺。步氏這一套說法，簡直把海德格思想原原本本搬入福音。卽此足徵齊克果通過海德格對今日思想界的影響之深且廣。

㈡齊克果與現代宗教生活

上面我們曾經說過，齊克果自從一八四六年發表「最終附筆」以後，他內心中的唯一課題是：如何成爲基督徒？他不願像黑格爾那樣建造一座思想系統的大廈，自己卻不住在裏面，而願意效法以身殉道的蘇格拉底。一八四一年和蕾琪娜之解除婚約，齊克果視之爲「與上帝的婚約」，他已決然選擇宗教作爲他唯一的歸宿㊻。

上面我們曾說過，齊克果視婚姻爲道德生活的普遍規律。但他在「恐懼與顫怖」中又說明他視宗教爲更高範疇：個人依據他對於絕對者──神的關係來決定他與普遍者──道德規律的關係。換句話說，普遍的道德規律與絕對者相比之下就祇有相對價值。因此，雖然他認爲婚姻是實現普遍人性所必需，但爲了上天所委託的特殊使命，還是可以放棄婚姻。這一觀點，齊克果在「

㊺ 王秀谷：宗教界風雲人物──步特曼。現代學苑月刊四卷十期，三八三──三八九頁。

㊻ Walter Lowrie 著：齊克果一生的故事，一三四頁。

魚或熊掌」下册討論「例外的人」時，說得格外透澈：一個人如果覺得自己無法在自身實現普遍人性，他內心中會覺得深切的痛苦，同時替那些能實現這普遍人性者喜歡。他內心中的痛苦就是普遍人性的表現。也許有日這痛苦又使他從新高昇：他在廣度所失去的，在深度中從新獲得。因爲眞使人成爲特殊而出人頭地的，是人實現人性時的深刻力量[47]。齊克果大約把他自己看成天上的厨師在此世所放下的「一小撮香料」。就人性而言，被選作一小撮香料而作爲犧牲，是件痛苦的事，但同時卻又是一種祝福。

齊克果的宗教生活，是與神和降生取人形的基督之密切關係。他不要沖淡了的基督宗教而願意把基督宗教中所強調的受苦捨棄自己等令人不快的成份全部接受。他認定痛苦與宗教不可分：「存在是由無限與有限之物所形成，存在者是無限而又同時是有限的。假使永久的幸福是他的至善，這就表示，有限的某些成份爲了永久幸福必須犧牲」[48]。因此他在一八五四年的日記中寫道：「……研究路德越久，我就越清楚他弄混了一件事：他把什麼是病與什麼是醫生混爲一談。他是基督宗教內的一個極重要的病人，但他不是醫生……。」接著他說：「基督宗教最先與最重要的任務，乃是回歸路德所逃開的隱修院」[49]。他反對丹麥教會的理由，就是因爲他覺得丹麥教

[47] S. K.: *Aut-Aut*, pp. 224-229.

[48] Pierre Mesnard: *Le vrai visage de Kierkegaard*, pp. 326-328.

[49] 齊克果日記，一二九五——一二九六頁。譯文參照英文稍作修改。

會中人祇接受他們所喜歡的基督宗教成份，沒有把基督宗教全部接受；因此這裏的基督宗教已祇是一個「幻像」，早已名存實亡。他並不認爲自己是完美的基督徒，但至少要釐清基督宗教究竟是什麼。他所以要公開抨擊已逝世的敏斯特主教，就是這個緣故。正如勞銳（Walter Lowrie）所指出，齊克果對當時丹麥教會的劇烈批評，使許多人歸向天主教。但另一方面，新教派內部目下也已吸收了若干天主教固有的成份：德國的「大公瑪利亞修女會」[50]和法國戴粹（Taizé）的男修會，就是很好的例子。

齊克果也並非祇是消極地攻擊丹麥教會的俗世化，他對宣講福音者也曾作了一些積極建議。譬如他說：「宣講者應當生活在基督的思想與觀念中——這應當是他的日常生活。假使如此……，你會具有足夠的說服力量，和你即景演講所需的東西。正如一間裝備完善的房子不需要人走下樓去取水，祇需要打開水龍頭，同樣地，一個眞正的基督宗教宣講人隨時都會有說服力量，隨時有眞的說服力量，因爲他的生活像基督一般」[51]。他的話可以作爲現代任何宗教宣講師的借鏡。

㈢齊克果與我國傳統思想

整個西方哲學範圍以內，很少有齊克果那樣強調言行或思行一致的。齊克果的這項態度和我

---

[50] Mutter M. Basilea（Klara Schlink）: *Oekumenische Marien-Schwesternschaft*, Darmstadt-Eberstadt, 1955.

[51] S.K.: *For Self-Examination*, p. 3.

國幾千年的傳統若合符節。論語「學而」篇中記載子夏的幾句話，可以說代表我國一向對「學問」的看法：「賢賢易色，事父母能竭其力，事君能致其身，與朋友交，言而有信，雖曰未學，我必謂之學矣。」這幾句話的意思是：能夠見諸實行才是眞正的學問和思想。「大學」劈頭劈腦就說：「大學之道，在明明德，在親民，在止於至善。」我國古代思想家心目中的「學」就是學做人，也就是學修養之道，因此思想與實行分不開；沒有實行的思想，簡直就是不知。切身體味到的知識才可以說是眞知，這樣的眞知一定會付諸實行。這一觀點，宋儒程頤（伊川先生）說得非常透澈：

「如讀論語，舊時未讀，是這個人，及讀了，後來又只是這個人，便是不曾讀也。」

下面這一段伊川的話表示，知而不行是因爲不見「實理」，「實理」是切身體味而並非泛泛的眞理：

「人苟有朝聞道夕死可矣之志，則不肯一日安於所不安也。……人不能若此者，只是不見實理。實理者，實見得是，實見得非。凡實理得之於心自別，若耳聞口道者，心實不見，若見得必不肯安於所不安。至如執卷者，莫不知說禮義。又如王公大人，皆能言軒冕外物，及其臨利害，則不知就義理，卻就富貴。如此者，只是說得不實見。及其蹈水火，則人皆避之，是實見得。須是有見不善如探湯之心，則自然別。昔曾經傷於虎者，他人語虎，則雖三尺之童，皆知虎之可畏，終不似曾經傷者神色懾懼，至誠畏之。是實見得也。」

伊川這一中心思想，在近思錄十四卷中，幾乎處處可以接觸到。下面這一段中，伊川更現身說法，指出「好學」的眞諦：

「或問聖人之門，其徒三千，獨稱顏子爲好學。夫詩書六藝，三千子非不習而通也，然則顏子所獨好者，何學也？伊川曰：學以至聖人之道也。聖人可學而至歟？曰：然。學之道如何？曰：天地儲精，得五行之秀者爲人。其本也，眞而靜，其未發也，五性具焉，曰仁義禮智信。形既生矣，外物觸其形而動其中矣，其中動而七情出焉，曰喜怒哀樂愛惡欲。情既熾而益蕩，其性鑿矣。是故覺者約其情使合於中，正其心，養其性。愚者則不知制之，縱其情而至於邪僻，梏其性而亡之。**然學之道，必先明諸心知所往，然後力行以求至，所謂自明而誠也。誠之之道，在乎信道篤。信道篤則行之果，行之果則守之固**」[52]。

最後幾句中，伊川把「自明而誠」「行之果」與「信道篤」連在一起，而且把後者作爲前二者的原因。其實這幾點都互爲因果，彼此分不開。不「力行以求至」，也不能「自明而誠」，也不能算是「信道篤」；「信道篤」了以後，也就會「自明而誠」，更會見諸行動。伊川的「自明而誠」，和齊克果所云的主觀性眞理先後互相輝映，都是切身體味出來的道理，也都與行動有密切關係。他們二人也都主張修養途中需要專一。齊克果再三叮囑他的讀者要「清心」「志於一

---

[52] 近思錄集解，臺北市世界書局民國五十一年出版，一〇五、一一三、三一一——三一二頁。
Paul Tillich: *The Courage to Be*, Yale University Press, New Haven and London 1952.

事」，伊川也勸人「主一」「專一」「求一」：「不拘思慮與應事，皆要求一」。他又說：「大凡人心不可二用，用於一事，則他事更不能入者，事爲之主也。事爲之主，尙無思慮紛擾之患，若主於敬，又焉有此患乎？所謂敬者，主一之謂敬」[53]。

中國思想史中涉及主觀性眞理之處，絕不限於「近思錄」或宋明理學；我人甚至可以說這是中國文化的特色之一。儒釋道三教對這點並無二致，禪宗對此尤有獨特建樹。依吳經熊先生的見解，禪宗思想可溯源到莊子的「心齋」「坐忘」「朝徹」。莊子所云：「夫有眞人而後有眞知」，更是一針見血之言[54]。莊子所說的「眞人」，就是言行一致、身體力行的人。

西方則一向偏於重智主義，黑格爾已達其顚峯，到達了忍無可忍的極端。齊克果可以說是一位先知先覺者，他發覺了西方思想的偏差：太多的空洞知識已使存在窒息。今日從事心理治療的精神科醫生又從另一角度發覺了同一事實[55]。心理治療的關鍵，在於病患者把意識所達不到的心理內容搬到意識境界去。這一過程往往非常吃力而費時，需要施行心理治療者的高度耐心。但一且病患者意識到自己過去所受到的心理創傷，或者發掘到生命的新意義時，就會有大澈大悟豁然開朗的感覺。這種「澈悟」「開朗」的經驗，並不是理性的空洞認識，而是由生命所體驗到的深

---

[53] 同上，一五六、一五〇頁。

[54] John C.H. Wu: *The Golden Age of Zen*, Taipei 1967, pp. 30-38.

[55] 項退結：深度心理學與中國文化精神。現代學苑月刊五卷三期，八五——八八頁。

刻「洞悟」，那不是知識而是智慧。作者曾於實習期間接觸過一位患精神病的醫生，他對自己的病狀都瞭如指掌，甚至翻開精神病學課本，原原本本指出自己患的是怎麼樣的病。但是他精神生活中的癥結所在，他卻始終無法摸到癢處。

上文所說的「澈悟」經驗，可能正是中國文化的特色。大家都知道，中國傳統文化中缺乏希臘文化中的邏輯精神與系統精神，而偏重以體驗爲基礎的道德修養以及文學與藝術修養。

西方運用了抽象、邏輯和系統方法，已經揭穿大自然的許多謎底，並替今日世界造成了迄未曾有的繁榮。而老大的東方，已不能不承認自己的落後而急起直追。因此今日的東方人往往會把科學知識估價太高，似乎科學可以解決任何問題。但是人類的天性究竟還潛藏著高度智慧：正在許多人沉醉於理性的成就而得意忘形的時候，科學的發源地——西方世界已開始警報頻傳。高度的系統化會使人失去自我，使人與人之間日漸失去「我與你」的親密連繫，而成爲「我與它」的淡漠關係。不但人與人之間如此，人的自我內部往往也被窒息，失去細心體驗的寧靜；有時甚至失去體驗的能力。以不同程度迷失自己——患神經病 (Neurosis) 或精神病 (Psychosis) 的人也因此日益加多。這種情形促使得天獨厚的先知先覺者對西方文化引起疑問。榮格 (C. G. Jung) 對此有格外深刻而精闢的見地，他一有機會就告訴西方人，重智主義 (Intellektualismus) 早已使他們迷失本心，他們極其需要東方的智慧。中國人的「一陰一陽之謂道」、「爲無爲」等等，正是西方所極其需要學習的生活態度。榮格本人雖然也是澈頭澈尾的西方人，但由於他和神經病患者的密切接觸，就體味到病患者走向正常途徑時的經驗，和道家與佛敎的禪宗所昭示的智慧不謀而合。總之，他的確相信東方的生活智慧駕西方而上之，西方非常需要吸收東方數千年所積聚的智慧。

所以，今日存在思想在東方西方都受歡迎，其意義卻並不完全相同。西方因爲一向太系統化，太崇拜冷靜的理性；反其道而行的存在思想對西方是一種補充，因此受到歡迎。東方一向都強調主觀性的體驗，覺得存在思想正合口味，所以也喜歡它。但是，我人切不可忘懷，存在思想產生在西方，那裏的文化背景和我們的完全不同。齊克果指出他那時代理性成份太多，是指西方世界而言，對於吾國和東方而言，理性成份則不是太多而是不夠。

齊克果批評女人和希臘文化的話，似乎也適用於中國文化的另一面：「當一切都從屬於美時，美會導引我們至一沒有精神的綜合。這是希臘文化的全部秘密。因此希臘型的美有一種安全，一種平靜的莊嚴；但正因此也有一種希臘人自己也許不理會到的憂懼……。既沒有精神，在希臘型的美中沒有痛苦，但正因此也有一種深刻而不能理解的痛苦。所以感覺性並不是罪，而是一個不能理解而使人憂懼的謎；因此天眞無邪爲一個不可究詰的空無所陪伴，這就是憂懼的空無」[56]。諾特羅帕（F. S. C. Northrop）曾指出，中國文化以美感成份爲主[57]。中國的詩與畫格

---

[56] S. K.: Il *concetto dell'angoscia*, Sansoni, Firenze 1953, p. 79.

[57] F. S. C. Northrop: *Begegnung zwischen Ost und West*, München 1951, IX. Kap.

外表示出平靜的莊嚴，而有意無意地企圖摒除痛苦這一因素。可是，平靜與莊嚴卻抵消不住悲哀與痛苦的侵襲：透過最美麗的山水畫，你會感到宇宙的廣大和人的微小，你會感到時間的一去不回；中國抒情詩之表現出存在憂懼者，尤屬俯拾卽是。陳子昂的「登幽州臺歌」是極妙的一個例子：

「前不見古人，後不見來者；念天地之悠悠，獨愴然而淚下。」

李太白的「世間行樂亦如此，古來萬事東流水」（夢遊天姥吟留別），李商隱那句盡人皆知的「夕陽無限好，只是近黃昏」等，也是很好的例子。這些絕妙佳句，都反映出飛逝的時間所留給人的悵惘悲哀和空虛。陳子昂的「前不見古人，後不見來者」，尤表達「古人」「來者」和詩人自己都隨著時間的洪流而消失。正如齊克果所云，這一切都表現出空無與絕望。

齊克果所強調的獨特個人，似乎是我國傳統思想所並不很注意的一點：個人往往被家族、鄉里、國家所吞沒。生在今日的中國人更遭遇一個非常悲劇性的時代：最大多數的中國人在極權的共產主義下呻吟著，個人根本已被否定。生存在大陸以外的中國人，是否已認淸個人的一次性和無限性呢？一般說來，中國人至今對這方面的意識還不够淸楚不够強烈，爲社會壓力（面子、虛僞的人情等等）所支配，而缺乏造成「純眞存在」的自我選擇。齊克果和他所倡導的存在思想，如果能促使我國人走入這條路，未始非一項重要貢獻。

叄　雅士培的存在哲學

一、他的一生與重要著作

最接近齊克果的當代存在思想家是嘉祿・雅士培（Karl Jaspers）。一九六九年二月底，他剛度過八十六足歲的生辰，不久就離開了人世。一直到臨死以前，他依舊孜孜不倦地思考、寫文章。德文刊物 Universitas 每年都有他的言論，一九六八年十一月份還發表了他的最後一篇文字，題爲「人類的今日命運與哲學思想」（Das heutige Schicksal der Menschheit und das philosophische Denken），對今日世界的局勢有非常精闢的分析和提示。足以使我們驚喜而慚愧的是：在雅士培心目中，整個人類史中最值得珍貴的精神遺產是西方、中國、印度的成就。這位聞名全世界的哲學家卻不是一開始就研究哲學的：他在一九五三年所寫的「哲學回憶錄」❶，對經過情形作了很詳細的敍述。

雅士培生於一八八三年二月廿三日，地點是在德國靠近北海的奧登堡（Oldenburg）。高中畢業以後，進入大學，開始時唸的竟是法律，以後改唸醫學，一九〇九年獲醫學博士學位。旋至海德堡任該地大學精神科的研究助理。一九一三年成爲哲學院的心理學副教授，一九二一年任哲學教授。一九三七年被納粹黨革職，二次大戰以後，一九四五年復職。一九四八年任瑞士巴塞爾（Basel）大學教授，直至逝世爲止。

雅士培似乎註定要從事思想工作：他的與生俱來的病，使他的生命本身成爲必須解決的「問題」。他自幼患支氣管擴張症及心臟代償機能衰敗症（bronchiectasis and cardiac decompensation），必須時時處處注意自己的健康。青年時期的歡樂都和他絕緣：運動、跳舞、游泳，這一切都沒有他的份。另一方面他因病而不需要服兵役，這樣避開了死於戰場的危機。雅士培因此詼諧地引用一句中國成語說：「要長命必須生病」。當然，雅氏的病也構成了他的工作方式：他必須時時停頓，因此必須設法把握要點，偶然有所領悟就迅速記下。「我的機會在於我的執拗，

❶ Karl Jaspers: *Philosphy and the World*, Selected Essays and Lectures, Regnery, Chicago 1963, pp. 193-314.
雅氏在 Universtas 雜誌最後問世那篇文字的譯文，已在「現代學苑」月刊第七卷第二期（二九——三一頁）發表。

攫住每一個好時刻，在任何情況下繼續工作」，他坦誠地說出成功的秘訣。

另一方面，雅氏的病對他是一種嚴重打擊：十八歲時，一位醫師對他的病作了確切的診斷；他自己又閱讀了關於這種病的一本書，那本書預告，最遲三十至四十歲之間，他會因膿毒症而死。他多少次獨自到森林深處，痛哭自己的不幸。用雅士培哲學所常用的話來說，他深切體驗到自己的病是一種「界限情況」，它促使雅氏深入思考，尋求解答。

孤獨、悲戚、對鏡自憐，這一切在一九〇七年完全改觀，那年他與格爾吐露・瑪葉（Gertrud Mayer）小姐相識，他們二人很快就談到生命的基本問題，似乎相識已很久一般；三年後結婚。瑪葉小姐出生於一個猶太家庭，因此雅士培在納粹統治之下受到許多痲煩。在共同危險的威脅之下，雅士培夫婦更覺相依爲命：一九四五年第二次大戰結束以前，納粹政權已決定於四月十四日，把他們二人遣送到集中營去，可能那就是他們二人的末日。幸虧四月一日美國軍隊佔領了海德堡，雅氏夫婦的厄運也就逃過。

雅士培十七歲時就讀了斯比諾沙（Spinoza）的著作，從此就視之爲屬於他自己的哲學家，但那時他並無意研究哲學。他的興趣由法律轉移到醫學，似乎他一開始就對精神病學感到興趣。醫學之所以吸引他的興趣，是因爲一方面它屬於自然科學，同時又以人作爲對象：雅士培覺得透過醫學可以和非常廣泛的知識範圍接觸。獲醫學博士學位以後，他在海德堡大學精神病院主任尼斯爾（Franz Nissl）手下工作，對於尼教授的自我批判精神佩服得五體投地。雖然雅士培因健康情形不佳而不能充任正式助理醫師，祇能當一名自願助理，但很快就獲得尼教授的青睞。與精神病接觸時，雅氏覺得這並不祇是肉體的病，而是人格整體的病；爲了理解精神病，他開始向二位哲學家請敎。一位是胡塞爾，他的現象學開始時稱爲「描述心理學」：雅士培利用現象學方法，讓病人充分描述自己的幻覺或妄想等經驗。另一位哲學家是狄爾泰（Dilthey），他主張運用「描述與分析」的心理學，卽理解的心理學方法。總之，雅士培已由精神病學引起對心理學的興趣。一九一一年，斯普林格（Ferdinand Springer）出版社委託他寫一冊「普通精神病學」。撰寫此書時，雅士培覺得不能把人當作對象看待，人是一個具無限性的主體，誰也沒有辦法完全瞭解。這時他不但已經進入心理學領域，而且單槍匹馬闖入哲學陣營。此書出版後，尼斯爾敎授大爲讚賞，原想讓他任精神病學副敎授，但醫學院已不允許他委任更多的副敎授。靈機一動，雅士培建議權且到哲學院中去敎心理學。這樣在一九一三年，他就任海德堡大學哲學院中的心理學副敎授。當時誰也沒有想到（包括雅士培本人），這就是他從醫學走向哲學的關鍵呢！

第一次大戰期間，尼斯爾離開海德堡到慕尼黑任一研究所所長。當時的醫學院院長徵詢雅士培的意見要不要答應繼承尼斯爾敎授的缺。本來，雅士培非常喜愛這個職位，這比終日埋首在書堆中有生氣多了。但是他和太太研究結果，使他不能不放棄精神病院院長的優缺：很簡單的理由是他的健康情形不容許。這樣他終於停留在哲學院中：而哲學也就此成爲他一生的使命。

雅士培自從一九一三年年底被任命爲心理學副敎授以後，就在一九一四年夏季學期（五月至七月）開始授課。除去有關知覺、記憶、疲倦、病態心理等研究以外，他曾講授社會與民族心理學，也曾講宗教心理學、道德心理學等等。一九一九年，他把自己所格外得意的講稿整理出來發表，那就是「宇宙觀心理學」（Psychologie der Weltanschauungen）。德文「宇宙觀」一字其實是指點人生觀。雅士培在「宇宙觀心理學」中把人的精神分成三種不同類型：一種是實際型，這樣的人願意改變外在的事實，所追求的是權力；第二種是羅曼蒂克型，這一類型的人所要的是一己的感受，所追求的是自己；第三種是聖賢型，這樣的人直接與絕對者接觸，而視任何有限的事物爲敝屣，他所追求的是愛的共享❷。

雅士培自稱，「宇宙觀心理學」是第一本當代存在哲學的書。此書的主題是人，以及思考者對自己的注意和絕對的眞誠。它討論了「存在」，自我創造，人所不可逃避的死亡、痛苦、機遇、罪惡和奮鬥。以後雅氏哲學中的題材都已在這本書中提到，「它成爲我未來思想的根基」❸。雅士培承認，此書中的「存在」觀念發源於齊克果。第一次大戰時，他開始讀齊克果的著作，一九一六年以後，存在這一觀念成爲雅士培思想的主幹。同時，康德的理性概念也吸引了他的注意❹，成爲「理性與存在」一書的濫觴。除去齊克果的影響以外，雅士培自承從他的朋友馬克

❷ Georg Anschütz: *Psychologie*, Meiner, Hamburg 1953, S. 426.
❸ K.J.: *Philosophy and the World*, p. 221.
❹ 同書，三〇一頁。

士．韋伯（Max Weber）汲取了許多靈感。

現在他已以巨人的步伐走向哲學。但他心目中的哲學，是一種和科學所追求的完全不同的眞理。科學家最注重新發現新找到的事實，哲學則是一種無新發現而卻是有意義的思想方式（a meaningful way of thinking without findings）。雅士培在精神病院中工作時獲得這一構想：德國醫院的病歷中 o. B. 是很習見的符號，那是 ohne Befund 二字的縮寫，意思是找不到新事實。有一天，尼斯爾教授和雅士培相遇，習慣地問了他一句：「找到什麼新事實嗎？」那時雅士培正熱中於思考哲學問題，驟然覺悟到人可以從事有意義的思考而沒有新事實發現。換言之，以發現新事實爲目的之科學思考，並非唯一有意義的思考方式。

由於他一九一九年所出版的著作富有哲學意味，所以二年後，當海德堡大學哲學講座之一出缺時，雅士培就被任命爲哲學教授。這件事可想而知曾遭到許多人反對，因爲雅士培原來祇有醫學博士學位，對於哲學沒有經過正常的訓練階段。正因此，雅士培覺得自己責任重大，他必須加緊研讀哲學名家的著作。恰如齊克果一般，雅氏覺得教授們所講授的哲學不著邊際，對於我人的存在問題毫無裨益。從一九二四年開始，他從事「哲學」一書的著作；此書於一九三一年十二月問世，共三册，可以說是他的基本著作，奠定了他的存在哲學。不久，「我們時代的精神情況」（Die geistige Situation der Zeit）出版，此書早已於一九三〇年完成。在這本書中，雅氏對存在哲學作下述定義：「存在哲學是一種思想方式，藉著它人尋求成爲他自已；它利用但同時又越過專門知識。這種思想方式並不是對事物的知識，而是照明並實現思考者的存有。由於超越了把存有固定下來的世界之知識，這種思想方式被帶至虛懸境界（作爲對世界所採之哲學態度），它喚起它自己的自由（作爲存在的照明），而由於呼籲超越（作爲形上學），爲它自己的無條件活動爭取空間。」❺事實上，這一定義包括了「哲學」一書的內容：「對世界的哲學方向」是第一册，「存在的照明」是第二册，「超越與暗號」則是第三册。

一九三五年，雅士培在荷蘭格羅寧根（Groningen）大學作了五次演講，演講稿在同年發表，書名是「理性與存在」（Vernunft und Existenz）。

這時希特勒的獨裁統治早已開始。一九三七年，雅士培被免除敎授職務，但他依舊勤於寫作，雖然他不知能否有發表的一日。他自己和整個德國的痛心經驗，使雅士培對政治和歷史問題作了許多思考。戰後他發表「德國負罪問題」（Die Schuldfrage, 1946）、「哲學信仰」（一九四八）以及「歷史的起源與終極目標」（Vom Ursprung und Ziel der Geschichte, 1949）等書。

同一時期，雅士培計劃中的一部重要著作是「哲學理則」（Philosophische Logik），計劃中原來包括三册，第一册討論眞理，第二册討論我人思考的各種範疇，第三册討論思考工作的方法。結果完成的祇有以眞理爲討論對象的第一册，一九四七年出版於慕尼黑。雅士培在「論眞理」中主張沒有唯一的全部眞理，眞理以許多歷史形態彼此相遇。因此，我人祇能藉著溝通的共

❺ K.J.: *Man in the Modern Age*, Doubleday, New York 1957, p. 175.

同方法來完成全人類的大團體。哲學理則的任務在於使我們意識到溝通的方法，把握住這些方法，並把它們對存在所含的意義弄清楚。雅士培非常重視溝通（Kommunikation）這一觀念，他甚至以爲任何眞理應以此爲準則：眞理必須促進人與人之間的溝通。爲了要進入我人思想的根源，雅氏主張必須超脫主觀與客觀界線，而把握住既非主觀又非客觀但同時包括二者的「包圍者」(das Umgreifende)。雅士培於「理性與存在」中首次提及「包圍者」這一觀念，但在哲學理則中說得更透澈。

大約是爲了使他的思想通俗化，雅士培於一九五〇年發表了「哲學導論」(Einführung in die Philosophie)，這是簡短易讀的一本書。雅士培哲學思想要點都在此書中囊括無遺，是研究雅氏存在哲學最好的入門書。一九五七年，雅氏發表「偉大的哲學家」一書，其中包括蘇格拉底、柏拉圖、孔子、老子、康德等等。

二、他的思想要點

㈠界限與失敗的經驗

雅士培指稱自己的哲學思想是達到存有與自我的一項努力和成就，並不是對思想者本身無關的冥想。雅氏承認自己的思想受齊克果與尼采二人的極大影響。二人的人生觀雖完全不同，但卻有顯著的一些共通點：他們都以人的存在作爲思考的起點，他們狂熱地尋求純眞無僞並強調個人，他們又強烈反對黑格爾那一類型的思想系統❻。雅氏認爲這兩個人已經決定了今後的哲學思想路線：每個人祇能够成爲他自己獨特的自我，也就是說今後的哲學思想祇能以個人經驗做出發點，祇能够走「存在」的路線。

雅士培說齊克果與尼采二人對他們自己的失敗、孤獨與界限都有很強烈的意識。尼采說自己是某種力量爲了嘗試鋼筆而胡亂劃成的線條：他被判定於祇能存有而不能愛的境界。尼采覺得自己不能繼續忍受自己的界限。齊克果則說自己像是四處碰壁的一條沙丁魚，不像是一個完整的人，是神手中不成功的嘗試❼。

屬於斯多噶學派的羅馬哲人埃披克提忒（Epictetus）曾經說：「哲學的起源，在於我們經驗到自己的微弱和無能」。既然我們那樣微弱無能，那末凡是不在我力量所及的一切，我都不必過問，而應集中力量於我自己的思考和自由，這是埃氏的實際解決方式。雅士培的態度和埃氏大同小異。下面就是雅氏對人類的無能——界限情況的描寫。

---

❻ K.J.: *Reason and Existenz*, Noonday, New York 1955, p. 164.
❼ Walter *Kaufmann*: *Existentialism from Dostoevsky to Sartre*, The Basic Writings of Existentialism, World, Cleveland 1962, p. 176.

我人始終處於固定的境況中。境況會發生變化，機會時來時去。假使我丢失某一機會，可能就永不再來。我可以設法改變我的境遇。可是若干境遇是無法改變的：我必須死亡、痛苦、奮鬪；我在偶然和罪惡感的魔掌下。這一切都是界限情況（Grenzsituationen），我人無法逃脱，也無法改變這些情況。仔細思考並理解這些「界限情況」，就是哲學思考的最深刻泉源之一。因爲，對界限情況的思考，對宇宙事物的驚奇與懷疑，就是任何哲學的起點。

但是在日常生活中，我們往往忘記自己會死，忘記自己的罪惡感，忘記自己在偶然的擺佈下生活。我們在具體情況下做這項那項計畫，我們覺得自己活力充沛，覺得很幸福；這時除去眼前以外，往往什麼也不思不想。但好景不常，不久痛苦、無能、微弱來襲擊我們，這時我們就感到絕望。未幾這絕望又成過去，我們繼續生活，又把煩惱丢到九霄雲外。

從前，大自然曾經是人類的仇敵。現在人類用科學技術征服了大自然，日新月異的醫學知識延長了人類的壽命。可爲我們大可不必得意忘形：未來還是在不可知之數，我人始終受到威脅，最後的結局是全面失敗。我們慢慢地衰老，疾病與死亡無法驅除。我們的安全只是局部的，而威脅與不安全卻是全面的。

人天性是合羣的，社會的組織使人獲益匪淺。但要使社會安定，社會的每一分子必須團結無間，萬眾一心反對任何單獨個人所遭受的不公平的事。可是，人類社會中有這樣的團結精神嗎？任何國家、任何教會、任何社團都不能給與絕對的保障。

死亡、偶然、罪惡感、世界的不可靠，這些界限情況指出了我的失敗（Scheitern）。面對這絕對的失敗，我可以做什麼呢？

斯多噶學派哲學家敎我們逃避到自己的思想和自由中。可是他們不知道人的思想本身是如何無能。全面失敗可能使人崩潰，但也能使他經常把這失敗當做界限放在眼前。他可以去尋求不合理的解決方法，但也能够靜默地面對不可解答的人生奧秘，安然接受失敗。對失敗經驗的處理方法，決定一個人的未來。

在界限情況中人會與空無相遇；但他也可能在世間幻滅的一切之上，預覺到眞正的存有⑧。

(二)包圍者

那麼如何能達到存有呢？什麼是存有本身呢？古代希臘哲人中，有人說一切由水而生，也有人說一切由火、由氣、由物質、由原子而來。雅士培認爲這都是以偏概全，都把存有看成自我以外的東西。其實這一點不稀奇，我人思想時都不會注意思想主體，而著眼於思想對象。即使思想我自己時，也會把我自己當作對象。這一有關思想的基本現象，我人可以稱之爲「主體與客體（對

⑧ K.J.: *Introduction à la Philosorhie*（哲學導論）Plon, Paris 1951, pp. 18-24. 這篇文字脫稿於去年六月間，數星期以後纔見到志文出版社新出的「智慧之路」一書，對照題材，知道就是「哲學導論」。周行之先生的譯名是沿用了英文 "Way of Wisdom" 這一標題。可惜此書譯文很不忠實。本文寫至註㉚時始見到此書德文原本。

象）的分裂」(Subjekt-Objek-Spaltung)。當我們清醒而具意識的時候，我人無法脫離這一分裂情況。實則全部存有既非主體又非客體，它應當是包羅主體客體的「包圍者」(Das Umgreifende)。包圍者廣大無際，我人的思想只能透過所認識的對象而接觸到它一部分。思想的時候又會出現另一個分裂現象，那就是思想的任何現象，在其被清楚下定義時，一定會和別的事物分開。即使我拿存有作爲思考對象，也必須使它與空無相對立。包圍者包羅萬象，不容許任何分割，因此，無論是主體與客體的分裂，也無論是客體與客體的分裂，都使我們不能接觸到包圍者自身⑨。雅士培的包圍者確是帶有幾分神秘色彩：嚴格說來，我人的思想無法以它爲對象，因爲它不容分割，它同時包括對象（客體），又包括思想主體。它像是無邊無際的太空，人類費盡心力「征服」它一部分，瞭解它一部分，就像用微弱的燭光照亮了一小塊地帶。可是這以外的一切都籠罩在不可知的範圍中。這不可知的包圍者籠罩一切，透過一切：籠罩我們自己，籠罩大自然和世界，甚至籠罩著上帝⑩。

簡言之，我人的任何認識都有限度，都爲某一視域所限。穿越這一視域，我人始能到達籠罩一切的包圍者領域之中。雅氏的「包圍者」和「界限情況」這二概念的密切關係，即此已昭然若揭。

---

⑨ 同書，三一——三六頁。

⑩ K.J.: *Reason and Existenz*, p. 10.

雅士培把包圍者分成二種形態，即我們自身和存有自身。我們自己是包圍者，或者更好說在包圍者以內，因爲人不能完全瞭解他自己，他對自己就是一個秘密。我們自己這一包圍者，又可分三種不同層面去觀察：

首先，人是許多可經驗到的事物之一（Dasein，請注意雅士培與海德格二人應用此字時所指意義完全不同）。從這第一層面視之，人是在時間與空間內的一種物質，一種生物，一種具心理活動的個體。因此我們可以用自然及人文科學從不同觀點去研究人，譬如應用物理學、化學、生物學、心理學、社會學、人類學。可是任何個別科學都無法瞭解人的全部。因此，即使僅以可經驗事物這一層面而言，人屬於超出我人瞭解範圍的包圍者。

其次，人是理解外界事物的意識本身（Bewusstsein überhaupt），這是人的第二層面。人的理解力使人認識普遍眞理，而普遍眞理是沒有時間性的。透過這種認識，人簡直可以「包圍」一切⑪。

第三、人又是能替世界賦以整體觀念的精神（Geist）。雅士培對精神所構成的整體觀念有如下解釋。人是可經驗事物（第一層面）的一種；以這一資格，人與物質、生命、心理活動打成一片。但我們可以應用意識本身（第二層面）去理解自己，這樣的理解和理解宇宙間其他事物完全相同。我人也能够應用精神力量（第三層面），把宇宙和我們都籠罩在可理解的整體觀念之

---

⑪ 同書，五四——五七頁。

中⑫。

除去這三個層面以外，我們也是替自己選擇純眞自我的存在。存在造成我們的獨特性、一次性和歷史性，它使我人的其他層面都獲得意義。人的各層面原來就必須和外界發生關係：譬如意識本身以外界事物爲其認識對象，精神對內外一切賦以整體觀念，存在則使人直接與超越界接觸。

我們自己以外，還有存有自身這一包圍者。它包括宇宙和它以上的超越界，雅士培認爲超越界的實在性不能用理性論證證明，而只能由世界的不完整、缺乏持久有效的秩序、以及我人的「全面失敗」覺察之⑬。雅氏的這層意思，上面我們討論界限情況時已經說起：歸根結底，人的一切計劃與成就終究不脫幻滅一途，我人也無法設想宇宙是個完美的整體，而人自身又不能完成自己。凡此一切會把我們帶至深淵的邊緣，到此我們或者會體驗到空無，或者體驗到超越界⑭。

㈢溝通、眞理與暗號

在雅士培的哲學思想中，「溝通」（Kommunikation）無疑地佔一重要位置。在雅氏記憶

---

⑫ 同書，五七——五八頁。

⑬ W. Kaufmann: *Existentialism* etc. p. 153.

⑭ K.J.: *The Perennial Scope of Philosophy*, Routledge & Kegan Paul, London 1950, p. 35.

中，求知慾和溝通思想的衝動這二件事對他始終佔同等地位。他認爲知識的意義，在於把所有的人都聯合起來。另一方面，要和另外一個人完全同意，卻又是件非常困難的事。許多人堅持自己的意見，對別人的理由充耳不聞，對事實視若無睹，他們的自我防衛態度使你根本無法接觸到他的核心。許多社會關係表面上雖然融洽無間，但思想的距離幾乎使人像是生活在兩個不同的世界中。雅士培覺得這種心靈的孤獨是最大的痛苦。

雅氏主張：個人靠自己不能完成自己的人性。只在和另一自我溝通時，人才能成爲眞的自我。與他人一起時，在相互的揭示中，自我才會顯露出來[15]，「溝通是導向各種形式的眞理之路」。不寧唯是，把眞理溝通給他人，並不只是認識的次要現象，而是它的基本特性：眞理和溝通分不開。隨著各種不同的溝通，也就有各種不同眞理[16]。

上文說過，我們人是不可完全瞭解的包圍者，這一包圍者可分三種不同層面，即可經驗事物、意識本身與精神。

作爲可經驗事物之一，我人願意無限制地維護發展自己，追求滿足和幸福。爲了達到這些目標，我人需要一種保存我人生命的社團。自衞的需要使我們在這社團中互相溝通。由於保衞生存的需要，因此形成各種不同政體：君主、民主以及其他各種形式。所以，在可經驗的社團中，眞

---

[15] W. Kaufmann: *Existentialism* etc. pp. 145-7.

[16] 同書，一四七——一五一頁。

理具有實用性：它並非一成不變，而是隨環境變動。今天對我是錯誤的，明天時過境遷，可能對我的目標有用。社團中必須時時刻刻達成折衷辦法：折衷辦法就是一項只適合於某一時刻某一情況的眞理。

作爲意識本身，我人和他人間的溝通，是以主體與客體的分割方式進行著。這時我人所達到的，就是運用理則學所認識的那些爲人所普遍接受的眞理。

作爲精神，我人和他人間的溝通，基於我人在某一整體中所佔的位置。沒有這整體觀念，溝通卽流於空洞而無內容。從我在整體中所佔位置這一觀點，某件屬於歷史整體的事就被我看成眞理。

上面這三種形態都有它們的「界限」。作爲可經驗事物之一，我人追求滿足和幸福，但是任何滿足和幸福都屬子虛；人的慾望無際，但沒有固定目標，這是哲學中的一個古老的題材。作爲意識本身，我們達到普遍眞理，但這些眞理並不完全可靠。作爲精神，我們把握住整體觀念，但許多事實不容許我們納入整體範疇中。因此，把三種形態中的任何一種絕對化，都會使人犧牲其他層面。如果一個人把經驗世界絕對化，他的思想行動就漫無標準，只以眼前的滿足、利害爲念，不能理解普遍眞理和整體觀念。把意識本身或精神絕對化，會使人以理智的認識當作唯一靠山，結果形成空洞的唯理主義。三種形態互爲表裏，這樣的溝通所造成的眞理才切合人的實際生活。除此以外，還有一種存在的溝通；這種溝通藉著精神、意識本身和經驗性而成，但又超過這三種形態：存在的溝通在於每人都努力成爲自己。實現自我的努力和其他各種爭執完全不同：在其他爭執中，一方面的勝利就是另一方面的失敗；但在實現自我的努力中，別人的成功有助於我的成功，別人的失敗也是我的失敗。在選擇並實現自我途中的存在，必藉其他存在才成爲透明。存在與存在之間的溝通又爲理性所貫穿：理性要作全部溝通，它要認識全部眞理。但事實上它又無法揭穿全部眞理：最後的眞理只能訴諸超越界。既如是，人與人之間，必須保持無限制的溝通而不流於獨斷⑰。

雅士培關於溝通與眞理的看法的確迂廻曲折很不易懂，上文已儘可能設法闡明他的觀點。雅士培雖然翻來覆去說了許多，但基本思想不外乎是說眞理與人間的溝通分不開；因此隨著人的不同形態，就有多種溝通方式和多種眞理。人與人之間既無絕對眞理，所以只好以無限制的互相溝通作爲我人的基本態度。

雅士培的理性（Vernunft）是普遍的溝通意志（totaler Kommunikationswille），它要擁抱最遙遠最奇特的東西，而不放棄與任何事物相溝通。雅氏的「哲學理則」一書，即理性的自我理解⑱。

---

⑰ K.J.: *Reason and Existenz*, pp. 79-95.
K.J.: *Truth and Symbol*, Translated with an Introduction by Jean T. Wilde. William Kluback, William Kimmel, College and University Press, New Haven, 1959, pp. 11-14.

⑱ K.J.: *Philosphische Logik*, I. Band: von der Wahrheit, R. Piper, München 1958, S. 114-5.

人的理性面對眞理又碰到了界限，遇到了「全面的失敗」，因爲人的理性不能把握到全部眞理。然而這一失敗卻會替自我和理性開拓新天地。理性到了窮途末路以後，反而發覺到界限並不是山窮水盡、無路可走，界限背面不但是柳暗花明的「又一村」，而且是眞正的存有。隨著理性的這一「發現」，有限的世界已不再是封閉的，他的所有界限都向超越界開放。與超越界相遇時，我才發覺純眞的自我——我的存在。

雅士培的哲學思想，可以說在此到達了它的頂點。雅氏是個腳踏實地的醫學博士，以找「新事實」爲其天職，並且這些「新事實」都應當是證據鑿鑿的經驗事實。雅氏卻認爲這些事實都不脫其有限性，假使我們視之爲獨立自足，最後一定會陷入失敗的許多形式的一種：例如懷疑主義，道德的癱瘓，失去生命意義與價值、迷信、暴虐無道，以及虛無主義的各種不同表現。另一方面，如果透過世間的現象，我人與一切存有的超越基礎相遇，這時我人會意識到，世間一切現象的界限都有穿越的可能，經驗世界並非我人知識的最終目的，而負有超越經驗的更高意義。這時，經驗世界的認識對象，其本身成爲一種暗號（Chiffer）或象徵。現象世界這時成爲存有的暗號文字，它站在我的存在與超越界之間。

宗教和藝術中的象徵以及哲學思想，雅士培認爲就是暗號的具體化，透過這些，我人才有機會與超越界相遇。眞正的哲學思考置身於存在與超越界之間；哲學思考以自己的暗號文字使我人覺察到超越界，同時又使存在與超越界相遇⑲。

原來宇宙與宇宙間的一切神妙不可究詰。面對神妙的宇宙，哲學思考一方面不允許我們不知天高地厚，以爲一切都很明顯，另一方面也不讓我們流入迷信。哲學思考使我們意識到宇宙的神妙：宇宙整體與每一部分都表示無限的深度。存有自身藉著這一切在說話。

當我人以這一態度去看宇宙的事物時，宇宙事物成爲透明，成爲象徵和暗號。宇宙事物本身並未失去原來的重要性，我人仍應當用物理、化學、天文學、生物學、心理學、社會學等等科學方法去認知它們，但同時它們有了新的一層意義，那就是暗號的意義。一切都可以說是比喻，一切都指向超越界。一切都可視爲暗號，但一切又都是存有自身的分享（Participation）。一切都與存有自身相連接，但所分享的等級不同⑳。

不但宇宙間的事物對雅士培成爲指向超越界的暗號，全世界所有偉大思想家的哲學思想也成爲過去的暗號文字，透過這些，我人可與超越界相遇。雅士培主張世間沒有全部眞理，眞理以多彩多姿的歷史形態與我人相見。我人之所以應研究哲學史，並非只要知道過去思想的陳跡，而是要更接近全部眞理。本著這個信念，雅士培於一九五七年發表了他的「偉大哲學家」這本書㉑，

---

⑲ K.J.: *Truth and symbol*, pp. 11-14.

⑳ 同書，三七——六五頁。

㉑ K.J.: *Die grossen Philosophen*, I. Band, Piper, München 1957.

裏面包括蘇格拉底、釋迦牟尼、孔子、柏拉圖、康德、斯比諾沙、老子等等。在哲學史中，偉大的思想家似乎都有了彼此交談的機會。由於共同分享存有，人類一家的境界才能實現。

四超越與超越界

讀者從上文可以見到，雅士培的思想不能脫離超越和超越界二個概念。在界限情況中人會遇到空無：這時人覺得失去了眞理的意義，失去了生命的意義，失去了任何可靠秩序，因此也失去信仰和憑恃，既沒有目標，也沒有領導。因此尼采說：「沒有一件事是眞的，一切都是許可的」㉒。然而界限情況所能導致的另一可能性，是使人在世間的一切幻滅以上，預覺到眞正的存有。我人的思想是有限的，有時間性的；但我人用有限的思想可以把握住無限者（aber mit endlichem Denken erfassen wir das Unendliche）㉓。雖然我們始終站在界限以內，卻能間接地把握界限以外之物，即無限者與無條件者。經過而穿透當前事物，而走入非當前事物以內，這就是雅士培所說的超越（Transzendieren=Überschreiten der Gegenständlichkeit=Hinausgehen über das Gegenständliche ins Ungegenständliche）㉔。上面所說的界限情況就是當前的事實，

㉒ K.J.: *Phil. Logik*, I.B. v.d. Wahrheit, S. 872, 880-1.

㉓ 同書，三九二頁。

㉔ K.J.: *Philosophie, Band I.*, Springer, Berlin 1956, S. 35-51.

穿過這當前事實而走入非當前的無限領域內，就是超越。

雅氏認為超越有三種方式，事實上構成了「哲學」一書的三冊內容，第一種超越是在於對宇宙的認識上：天文學中無限遠和最小質點，導發出世界為有限抑無限的問題，而這樣的問題是無從解決的。我人必須超越它而進入對存有的認識。第二是在存在照明上：每一自我必須超越他的經驗性，而把握無條件的個別眞理——一種祇適合於我的眞理，我必須無條件地追隨它。這樣的超越就是無條件的抉擇，它構成我人的存在。第三是在於走向超越界（Transzendenz），它是超越一切的存有。沒有超越界，存在失去了本然的自我性，而宇宙的認識也失去它的深度㉕。然而，雅氏卻再三闡述：眞正的超越界不能因認識達到，而祇能以存在方式體驗到㉖。

(五) 哲學信仰

究竟雅士培所說的超越界何所指呢？對此，他在「哲學信仰」一書（Der philosophische Glaube）中說得很明顯：「超乎宇宙以上而在宇宙以前者稱為神」㉗。上文說起包圍者時，我們曾見到雅士培把包圍者分成二種形態，即我們自己和存有自身。存有自身又包括宇宙和它以上

㉕ 同書，五二頁。
㉖ K.J.: *Phil. Logik*, I.B. v.d. Wahrheit, S. 109.
㉗ K.J.: *The Perennial Scope of Philosophy*, p. 34.

的超越界。在「哲學信仰」中，雅士培舉出三條信仰內容，其中第一條就是神的實有，接著雅士培用適才引用的這句話來解釋，他心目中的神是指什麼。爲淸晰計，雅氏接著就說明，他所指的並非斯比諾沙式與大自然爲一體的上帝，而是在宇宙以外，我自己和宇宙的根基。「哲學信仰」一書明白揭示出，超越界一詞至少也包括位格性的神這層意義。換句話說，雅士培是有神論者，他相信神的實有，相信有絕對的道德規律，現象界的宇宙暫時置身在神與存在之間。我人在時間中與神相遇，因爲宇宙原來就是神的言語㉘。本書作者這裏把雅氏所用的「超越界」這個字，一律都改成「神」字，因爲上下文很明顯指出，雅氏在談論人與神之間的關係，而雅氏在行文時喜歡把「神」與「超越界」二字隨便更換。至少在這裏，雅氏是把這二個字當同義字用。

說明了他自己的信仰以後，雅氏又替我們描寫了信仰的反面——無信仰：「凡是主張絕對內在性（Immunenz）而否認超越界的任何態度，我人稱之爲無信仰」。雅氏接著就解釋「內在性」這一詞的意義，那就是認經驗世界爲唯一實在，以之爲完整而獨立的系統。雅氏以爲無信仰不能與存有接觸，但不可避免地會塑造一些代替品，用以彌補存有所留下的空位。

雅士培替我們勾劃出無信仰的三種形態：向魔力投降，人的神化，虛無主義。所謂向魔力投降就是視世間的力量爲存有所寄：世間的內在力量以激情、權力、生命力、美麗、毀滅、殘暴各種方式出現，人的一切衝動代替了神。所謂人的神化是所有統治者的夢想：他們希望自己被人當

㉘ K.J.: *The Perennial Scope of Philosophy*, pp. 34-39.

作神崇拜。另一些人則是把自己當作神的代言人。無信仰的第三種形態——虛無主義以爲一切都沒有意義，懷疑一切，拒絕一切。無信仰的這三種形態其實是相輔相成的：虛無主義放棄了一切價值，於是人就會崇拜他自己和他所經驗得到的力量。然而，人終究會發覺崇拜人和世間力量的最後結局是空虛和絕望㉙。

也許有人要問：雅士培如何達到他的「哲學信仰」呢？雅氏會答覆：那並不靠著傳統的哲學論證；神並非感覺經驗的對象，他也不是我人能够確切證明的認識對象。當你想用大自然的秩序、美妙去證明一個聖善無比的創造者的實有時，你同時會接觸到世間的醜惡和混亂甚至可怕、荒謬。宇宙原不是完美的，它是有限度的，它繼續發生變化；它不但不能證明神的實有，反而把他的觀念攪得不清楚。另一方面，雅士培認爲世間一切都與空無不能分離，因爲這個世界不是單獨的存有，因爲它具有界限。然而祇靠我人經驗的界限，還是無法達到對神的信仰。眞正使人發生信仰的是我人的自由：一個人意識到自己爲自由的時候，他也就得到了神實有的確信，其理由如下：作爲自由的存有，當我眞成爲我自己時，我知道並不靠我自己而成爲自由。當我不受世界的任何影響而完全自由時，我知道自己深深地與超越界聯結在一起。「人的自由存有我人稱之爲存在。我以斷然方式存在時，神對於我也就確定無疑」㉚。雅氏所云的確知是他的內心體驗，他

㉙ 同書，一一九——一三七頁。

㉚ K.J.; *Einführung in die Philosophie*, Piper, München 1969, S. 43-44.

在作完全自由的道德抉擇時，獲得這項體驗。

若里威（Régis Jolivet）根據雅士培一九四八年以前的作品，以爲他是世界一元論者，不相信位格性的神[31]。然而，根據一九四八年出版的「哲學信仰」以及一九五〇年出版的「哲學導論」二書，雅氏之信仰位格性的神，殆無疑義。

然而，雅士培卻決非基督徒；沙特漫不經心地稱他爲基督徒[32]，是一個錯誤。雅氏反對任何啟示宗教，包括印度教、猶太教、回教和基督宗教。他認爲神在任何地區都會透過歷史事實和人說話，啟示宗教則對一時一地的歷史事實賦以普遍意義。「沒有一個人是神。人與神之間有無限的距離。」這是雅氏對基督宗教的主要批評[33]。他又覺得啟示宗教都堅持自己爲唯一眞理而不能寬容[34]，而他的一貫主張是：眞理與無限制的溝通分不開，沒有人可獨覇眞理。

雅氏對聖經的看法也饒有興味：「聖經是人類數千年邊緣經驗（borderline experience）的寶藏。藉著這些經驗，人的思想被照明，人確切知道了神，並因此確切知道了人。聖經唯一無二的氣氛所造成的就是這個。」

---

[31] Régis Jolivet. *Les doctrines existentialistes de Kierkegaard à J.P. Sartre,* Fontenelle, Abbaye Saint-Wandrille 1948, pp. 290-291, Note marginale.

[32] Jean-Paul Sartre: *L'Existentialisme est un humanisme,* Nagel, Paris 1946, p. 17.

[33] K.J.: *Truth and Symbol,* p. 76.

[34] K.J.: *The Perennial Scope of Philosophy,* pp. 92-93.

「在聖經中我們見到置身於失敗的基本情況中的人。但這樣，存在的經驗與成就，恰好在人的失敗中表現出來」㉟。

㈥抉擇與自由

人運用自由替自己作抉擇，這是各派存在思想的共同主題。人何以能自由抉擇，以及人應如何作自由抉擇，對此則言人人殊。譬如沙特以無神爲自由的先決條件：世間沒有超越人以上的最高實有或創造者，人纔能自由而且非自由不可：「人被判定爲自由」。雅士培的見地恰恰相反，他認爲人的自由與超越界不能分離。

雅氏的這一見解，除去齊克果以外，很明顯地是受了巴斯噶與康德二人的影響。他步隨巴斯噶的後塵，承認人對他自己是最大的秘密：他一方面有限得可憐，另一方面又接觸到無限㊱。康德在「實踐理性批判」的結尾說：「思考越久長，兩件事越使心緒充盈常新而增長不息的驚異與敬意，卽在我上面那滿佈繁星的天空，和在我裏面那道德規律。……我在我眼前見到它們，並且把它們直接和我存在的意識相連接。……第一件事從我在感覺世界所佔的位置開始，延展到……不可限量的廣大無際……。第二件事從我的不可見的自己和我的人格性開始，把我放在一個具有

㉟ 同書，一〇一頁。
㊱ 巴斯噶著：深思錄，臺中市光啓出版社民國五十七年初版，三六——三八頁。

眞實無限性的世界中」㊲。雅士培覺得，從第一觀點而言，我們可以把人當作科學研究的對象；這裏我們祇看到有限性和必然性。從第二觀點而言，我們生活在自由所揭開的無限世界中間㊳。

另一方面，雅士培認爲人的自由與他意識到自己的有限性分不開。人意識到自己不過是許多有生物之中的一種，人受到有生物所受的一切限制：大自然的環境是人得以生存的必要條件，最後人必須一死。人又意識到自己從屬於人類社會和其他個人。最後人意識到知識的有限性：人的知識從屬於他的經驗，而他的經驗非常有限。人之所以意識到自己的有限性，雅氏覺得是由於和絕對而永恒之物相比較所致：我人能够作某項抉擇，實行此項抉擇會把我們帶到有限世界不能解釋的另一源流，我人作這項抉擇時，絕對性就被實現。由於知識的有限，我人想到另一種完全不同的神的知識；超越現實界的限制，我人又有了靈魂不死的觀念；透過這兩個觀念，我們雖不能把握到無限性，卻可以說已接觸到它。這樣藉著抉擇時所實現的絕對性，以及我人所接觸到的無限性觀念，我人雖不能取消有限性，卻能突破它而接觸到超越界。

關於抉擇時所實現的絕對性，雅士培有如下的解釋：絕對的要求是我的眞正存有對我的經驗存有的要求㊴。在命運和死亡面前，假使一個人能够不受世間任何有限事物的控制，而選擇眞正

㊲ Immanuel Kant: *Kritik der praktischen Vernunft*, Reclam, Stuttgart 1961, S. 253-4.

㊳ K.J.: *The Perennial Scope*, pp. 51-62.

㊴ K.J.: *Einführung in die Philosophie*, piper, München 1969, S. 54. 一直到現在，本文引用此書時都應用法文譯本。最後才看到德文本。

存有的絕對要求，保持內心的正直，這時他就實現了純眞的自我，同時確切接觸到了自己的無限性。

由於這樣的抉擇，我人不僅生活於時間性之中，而且接觸到永恆。因此，雅士培直截了當地說：「刹那是時間性與永恆性的一致，它使實際的一刹那深入到永恆的現在中。」（譯文不得已拆成二句，原文一氣呵成："Der Augenblick als die Identität von Zeitlichkeit und Zeitlosigkeit ist die Vertiefung des faktischen Augenblicks zur ewigen Gegenwart."）這句話的意思是，作抉擇時所實現的絕對性，使這在時間性領域中的一瞬間已經深深進入永恆境界。雅氏又說：「存在是一瞬間的深入，使時間性的現在成爲一種完成，自身帶著過去與未來，而不讓注意力分散到過去及未來：不讓注意力分散到未來，似乎現在衹是爲未來之事服務的一種過渡與階梯，……不讓注意力分散到過去，似乎生命的意義即在於保存或重覆已有的完成。」雅氏的意思非常明顯：他對每一瞬間都保存極其嚴肅的態度，因爲每一瞬間都自有獨特價值：每一瞬間都是永恆的表現。每一瞬間的遺逝都是永恆存有的表現：「這一次所完成的時間的特殊性即永恆存有的表現；這個永恆和這一瞬間是絕對連合在一起的。」（…sondern so, dass die einmalig erfüllte zeitliche Besonderheit als Erscheinung ewigen Seins ergriffen wird; diese Ewigkeit ist an diesen Augenblick absolut gebunden.）[40] 雅氏的意思是：抉擇構成人的存在，而透過抉擇，每

---

[40] K.J.: *Philosophie, Band II. Existenzerhellung, III.* Aufl Springer, Berlin 1956, S. 126.

一瞬間都是絕對性和永恆性的實現。雅氏對時間、永恆、刹那的看法，明顯地是受到齊克果的啟發（憂懼的概念）。

作這樣的抉擇時，雅氏認爲人是受到了超越界的助佑。「他之所以能够憑自己站得住腳，是靠著一隻無形的從超越界伸給他的手；他祇因自己的自由，纔感覺到這隻手的親臨。」「祇藉著自由我纔確知有超越界。藉著自由， 我誠然達到不受世界控制的某種程度；但我之所以能够如此，正是因爲我意識到自己極端依附超越界的緣故」㊶。以上這二段話，本文作者自信譯得相當附合原意。雅士培的思想，這裏表達得很明顯：人如果不怕命運甚至不怕死亡威脅，而作道德的自由抉擇，那是因爲人依附超越界，否則自由根本無從立足。一如上文所已指出，這裏所云的超越界就是神或天主或上帝。事實上雅士培在另一處討論同一問題時，就直截了當用神一詞：「被神領導祇有一種方式，這條路經過自由。」但不旋踵間，雅氏又用「超越界」一詞：「人越是確切明顯地知道自己決定性地是自由的，那使他成爲如此的超越界，對他也成爲更清澈可見」㊷。

雅士培不但認爲確知自由包括確知神，反過來他也主張否認自由卽否認神；另一方面卻也有一種否定神而把人神化的自由；這種自由是自欺，最後終究會陷入絕望㊸。

㊶ K.J.: *The Perennial Scope*, pp. 64-67.

㊷ K.J.: *Einführung in die Philosophie*, S. 65-66.

㊸ 同書，四三——四四頁。

三、雅士培思想留下的若干問題

讓我們先在雅氏哲學思想中找一些大家都能同意的觀念。「界限情況」這一觀念完全得之於雅氏的生活體驗，每個人也都有類似的失敗體驗，因此它很容易爲人所普遍接受。「無限制的溝通」是另一個容易而値得爲人接受的觀念。那包括主體客體的「包圍者」，會引起雄偉的感覺，同時帶幾分神秘性，可能也爲一部分人所接受。

本文作者卻覺得，雅士培不能從取消主體客體的「包圍者」而打破康德的認識論範疇，實在有些可惜。雅氏似乎把康德的認識論觀點作爲他思考的起點，因此他認爲任何存有學（Ontologie，一般稱本體論）都祇有「象徵」和「暗號」價值㊹，雅氏的「包圍者」則並非知識對象，而祇能直覺。實則腳踏實地的存有學與腳踏實地的知識論是相依爲命的。

雅氏把「包圍者」分成我們自己和存有自身，把我們自身的「包圍者」又分三種形態：作爲所經驗事物，作爲意識本身，作爲精神。後者這一分類未免又牽強又難理解。

雅氏的哲學信仰以超越界爲主要對象，他又明顯承認相信神的實有。然而他的信仰基礎祇是揭示於人自由抉擇的超越界，他始終無法進入形上學的堂奧。凡此一切，似乎都未脫康德窠臼。

㊹ K.J.: *Philosophische Logik*, erster Band: Von der Wahrheit, Piper, München 1947, S. 204.

眞理需要溝通，而且很自然地造成溝通，這是事實。但是由於雅氏已採取了康德的認識論立場，所以他否認達到客觀眞理的可能性。他的推理態度似乎表示，他把客觀眞理與全部眞理混爲一談。人世間沒有全部眞理，這是事實。但局部或甚至最小部分的眞理也應當是客觀眞理。它可以作爲「暗號」，指向更高的超越界，但它自身是否已失去客觀眞理的價值呢？

從自由走向超越界之路，究竟是否一項普遍經驗？抑或係雅士培所獨有？這個問題，似乎連雅氏自己也很難替我們作答。

肆　海德格的「存有與時間」

一、生平與若干重要著作

我們這一時代中，對全世界思想影響最深的，大約捨海德格（Martin Heidegger 1889-1976）莫屬了。他一方面直接引發了他自己並不以爲然的沙特式的存在主義；另一方面影響了新教派與天主教的幾位重要神學家，如巴特（Karl Barth 1886-1968）、步特曼（Rudolf Bultmann 1884-）、田立克（Paul Tilich 1886-1965）、拉內（Karl Rahner 1904-1984）。沙特的存在主義，對法國、美國、遠東乃至全世界的影響方興未艾。巴特、步特曼、田立克三人，可以說是新教神學巨子。拉內則在第二屆梵蒂岡大公會議以後，已一躍而成爲全世界最著名的天主教神學家。他在福賴堡大學攻讀哲學時，就曾聽過海德格的課，對他的印象至爲深刻。

海德格生於一八八九年九月廿六日，地點是在德國西南部巴登區（Baden）黑森林一帶的小村 Messkirch。海德格年青時一度曾在福賴堡大學讀天主教神學，以後改讀哲學。一九一四年獲得博士學位，論文題目是：論心理主義中的判斷——對理則學的批判而積極性的貢獻（Die Lehre vom Urteil in Psychologismus: Ein kritisch-positiver Beitrag zur Logik）。海德格在這一論文中抨擊心理主義的不當，因爲它沒有把心理事實與理則事實分清楚：心理事實是在時間中發生的會變更的動作；理則事實却無時間性，永不變動❶。海德格的意思，是指不可因我人認識過程（心理事實）變化而以爲認識對象本身（理則事實）發生變化。例如一個人因神智不清而說二加二等於五，這是心理事實；二加二等於四却是理則事實。

一九一六年，他發表了使他取得大學授課資格的第一本書（Habilitationsschrift），以「董斯・斯各脫關於範疇與意義的學說」（Die Kategorien-und Bedeutungslehre des Duns Scotus）爲題。無論是在博士論文、或是在關於董斯・斯各脫的研究裏，海德格都應用了胡塞爾（Edmund Husserl 1859-1938）的現象學方法。恰巧在一九一六年，胡塞爾受任爲福賴堡大學教授。第一次世界大戰終止以後，海德格成爲胡塞爾的助理，二人間的合作也益形密切。十年期間，海德格無論是授課或寫文章，均以現象學爲大前提。一九二三年，海氏受任爲瑪爾堡（

---

❶ Otto Pöggeler: *Der Denkweg Martin Heideggers*, Verlag Günther Neske, Pfullingen 1963, S. 17-18.

Marburg）大學教授。一九二七年春季，使海德格發跡的「存有與時間」（Sein und Zeit）在胡塞爾編輯的「哲學與現象學研究年鑑」（Jahrbuch für Philosophie und phänomenologische Forschung）第八卷發表，同時出了單印本。

海德格對此事經過詳述如下：「瑪爾堡哲學院（卽文學院）院長在一九二五——二六年度冬季學期進入我的工作室說：『海德格同事先生，您現在必須發表一些東西了。有適當的手稿嗎？』。我回答說：『有呀』。院長又說『但必須趕快印好』。哲學院推舉我繼承 Nicolai Hartmann 哲學首席講座的遺缺。柏林教育部拒絕哲學院的推薦，理由是我十年以來不再有作品發表。」

「現在我必須把許久以來敝帚自珍的稿件付印。因著胡塞爾的介紹，馬克士・尼馬葉出版社答應，把以後當在胡塞爾『年鑑』中發表的那篇文字中開始部份先印好，亦卽對摺十五大張，各印二份由哲學院寄給教育部；許久以後它們又回到哲學院，加上『不合格』的案語。翌年（一九二七）二月『存有與時期』全文在年鑑第八卷發表，並出抽印本。半年後教育部收回成命。並宣佈委任狀。❷」

「存有與時間」發表以後，海德格聲譽驟然飛昇，一躍而躋於具創見的思想家之林。一九二九年，胡塞爾因猶太血統被迫退休後，海氏重返福賴堡母校繼承胡氏的講座。依照德國的習慣，

❷ M. Heidegger: *Zur Sache des Denkens*, Niemeyer, Tübingen 1969, S. 87-88.

教授應作一次就職講演。海德格的講辭同年於波昂出版，題名「何謂形上學?」(Was ist Metaphysik?) ❸ 海德格在這篇演辭中，強調「空無」的重要性。以後有人指責他是虛無主義者，海氏遂於一九四三年加上一篇「後記」，說明自己的主旨在於存有：因爲由憂懼所揭示的空無才會使人和存有接觸❹。一九四九年，在「何謂形上學」的第五版中，海德格又加入了一個「前記」。據考夫曼 (Walter Kaufmann) 所云，海氏非常重視這篇前記，特別囑咐他譯爲英文❺。

同年，海氏發表了「康德與形上學問題」(Kant und das Problem der Metaphysik, Bonn 1929)。

一九四七年發表的「柏拉圖對眞理的見解」也相當重要 (Platons Lehre von der Wahrheit, Bern 1947)。這本書後面佔大部份的「論人文主義」，是因法國一位朋友的詢問而寫的，因此稱爲「對若望·飽夫萊的信」(Über den "Humanismus", Brief an Jean Beaufret, Paris)。「論人文主義」這封信非常重要，因爲它解釋了許多懸而未決的問題。

---

❸ M. Heidegger: *Existence and Being*, with an Introduction and Analysis by Werner Brock, Regnery, Chicago 1967, pp. 9, 325-349.

❹ M. Heidegger: *Existence and Being*, pp. 349-361.

❺ M. Heidegger: *The Way Back Into the Ground of Metaphysics*, in: Walter Kaufmann: *Existentialism from Dostoevsky to Sartre*, World, Cleveland, Ohio 1962, pp. 206-221.

「存有與時間」的前六版，都印著「上册」二字，因爲海德格原計畫繼續完成下册。但是因爲他覺得計畫中的上册第三編「時間與存有」當時尙無法自圓其說，所以沒有寫下去❻。一直到一九五三年「存有與時間」出第七版時，離開第一版已整整二十五年，這時海德格方才删去「上册」二字。第七版序言中，海氏特別提及當時一起問世的「形上學導論」一書（Einführung in die Metaphysik, Max Niemeyer, Tübingen 1953）。大約他認爲此書已可以彌補「存有與時間」的未竟之旨。「形上學導論」討論形上學的基本和存有的本質等問題。

還有一本很短的小册，對理解海德格思想很能助一臂之力，那就是「什麼是哲學？」答案很簡單：哲學一詞按希臘字源是「愛智」；依照赫拉頡利圖（Heraklit）的解釋，「智」所揭示的就是「一切是一」，卽一切歸於存有，「一切存有者都在存有中」（Alles Seiende ist im Sein），因此哲學卽對存有者之存有的相應（Das Entsprechen zum Sein des Seienden ist die Philosophie）❼。

一九五七年，海德格於二月及六月作了二次演講，同年以「相同與相異」的書名問世。這本七十頁的册子顯示出海氏思想又有了新的發展。他從巴梅尼得斯的「認識與存有是一件事」，這句話做出發點，說明人的思想和存有相歸屬（Zusammengehören）。海氏用現代科技對人的影響來

---

❻ M. Heidegger: *Platons Lehre von der Wahrhcit*, Francke, Bern 1954, S. 72.

❼ M. Heidegger: *Was ist das-die Philosophie*? Neske, Pfullingen 1956, S. 22, 35.

解釋人的思想與存有相歸屬這件事實：科學技術原是人替自己設計的計畫，但它終於逼迫人作決斷：他究竟願意成爲科技的奴隸呢？還是主人？科學技術卽存有者的一部份，其他如大自然與歷史也都是足以影響人的存有者。人爲的存有者——科技的例子足以使人認識並接納存有與人相歸屬的事實，卽覺悟到海德格所稱的「歸屬事件」（Einzukehren in das, was wir das Ereignis nennen）：所謂「歸屬事件」，是指人與存有原相歸屬，同時人能見到理解而收納這件事。自從一九五七年到現在，「歸屬事件」這一概念已成爲海氏思想的核心。德文 Ereignis 一般的意義是「事件」，但海德格說此字的動詞 Ereignen，原作 Er-äugen=erblicken，卽看到以後加以歸屬；因此這裏譯爲「歸屬事件」。海氏認爲 Ereignis 一詞正如希臘語 logos 及中文「道」字一般地不能譯成其他文字。他口中的 Ereignis 已不再是普通「事件」，而是一次性的特殊事件，也就是人見到並接納存有與人相歸屬這件事。海氏以爲存有與人相歸屬這件事造成巴梅尼得斯所說的存有與思想的同一性。

「歸屬事件」這一概念現在似乎也包括了存有與時間二者❽。海德格之所以有這一說法，大約是因爲他始終從人做出發點去觀察存有，人則必然有時間性。下文將詳細指出，海氏的時間性主要是指人向未來所做的抉擇，而抉擇收納自己的存有，卽海氏所云的「歸屬事件」。

---

❽ M. Heidegger: *Identität und Differenz*, Neske, Pfullinger 1957, S. 22–28. Idem: Zur Sache des Denkens. S. 22–24.

大約是爲了慶祝海德格的八十歲大壽，一九六九年那位四十餘年前使「存有與時間」問世的出版家 Max Niemeyer 替他出版了九十二頁的一本書，稱爲「關於思想之物」(Zur Sache des Denkens, Tübingen 1969)。這本書的最重要內容，除去海德格對自己研究現象哲學經過的自述以外，是他一九六二年以「時間與存有」爲題的一篇演辭，及有關這一演辭的討論記錄；書名所稱「思想之物」，也就是存有與時間二物。這篇文字於一九六八年以法文問世，德文則是第一次發表。海德格一九二七年所未解決的問題，四十五年以後還是念茲在茲。他對思想所持的嚴正和負責態度，實在令人肅然起敬。

令人遺憾的，是海德格於一九三三年從納粹黨人手中接受了福賴堡大學校長的委任，同年又成爲納粹黨員。他在演說時曾號召聽眾全心支持希特勒。以後他雖與納粹政權搞得並不愉快，終至辭職，但他的政治立場已引起物議。海氏在福賴堡任敎至一九四五年。退休後，又回到他的老家——黑森林，度著他思考與著作的寧靜生活。

據曾拜訪過海德格二次的 Werner Brock 所云，海氏的生活環境非常簡陋。他住在 Todtnau 村的一個山頂上，四周祇有很零落的幾棟住屋。他的工作室中祇有很少的幾本書，桌上有一堆供他書寫的紙。他幾乎度著隱士一般的生活❾。

---

❾ Martin Heidegger: *German Existentialism*, Philosophical Library, New York 1965. M. Heidegger: *Existence and Being*, with an introduction and analysis by Werner Brock, Regnery, Chicago 1967, Foreword, p. X.

海氏於一九七六年五月二十六日逝世。

二、「存有與時間」的緣起與中心問題

上文曾提及海德格發表「存有與時間」一書的經過。海氏在「我走向現象學之路」一文中，也說起他如何開始研究哲學⑩。從幾本哲學雜誌中他知道胡塞爾思想受布倫達諾（Franz Brentano）影響極深。自從一九〇七年以來，布氏的「亞里斯多德心目中存有者之多種意義」（Von der Mannigfachen Bedeutung des Seienden nach Aristoteles, 1862）這篇論文，曾是海德格的哲學啟蒙第一課。於是他繼續探索：既然「存有者」具多種意義，究竟那一個是首要的基本意義呢？什麼又是存有呢？高中時代的最後一年，他讀到了福賴堡大學信理神學教授 Carl Braig 的一本書：「論存有，存有學大綱」（Von Sein, Abriss der Ontologie）；書中引述了不少亞里斯多德、多瑪斯・亞奎那等的句子，以及那些基本概念的字源。一九〇九年冬季至一九一一年，海氏讀了四學期神學；其間他細細研讀了胡塞爾的「邏輯研究」。透過胡氏的現象學觀察方法。海德格還是一味探究「存有者」的多種意義。現在他的問題是：依據現象學原則，我人所知道的是否祇是意識及其內容呢？抑或是顯示自己之存有者的存有？後者卽「存有與時間」和海德格一

⑩ M. Heidegger: *Zur Sache des Denkens*, 81-87.

生的中心問題所在。值得一提的是：海氏於一九二七年發表此書，一直到成熟及後期，他的哲學思想依舊沒有走出這個圈子。他以爲從一般性事物做出發點的傳統存有學不著邊際，必須從理解存有的特殊存有──人做出發點。這一不同的出發點也就導致不同的結論，卽：存有與時間性不可分。爲了說明這點海德格不能不對「存有在此」（Da des Seins）的「此有」（Dasein）作詳盡分析。

海德格從博士論文和獲取大學授課資格論文開始，一向對存有問題表示興趣。而那使他一舉成名的「存有與時間」，也聲明是以討論存有（Sein, Being）爲目標。然而「存有與時間」一書之所以引起全世界人士的注意，卻是由於它對「此有」（Dasein）也就是對人之存在分析。海德格心目中的存在，是此有成爲自己或不成爲自己的可能性。成爲自己就是海氏所說的純眞或屬己的存有（Eigentliches Sein），反之，就是非屬己的存有⑪ 海德格的這一套分析有時未免煩瑣，讀之萬分吃力，但也的確有其獨到之處。然而一般人對海德格關於此有的分析過份重視，因之忽視他想理解存有的用意；甚至有人以爲，海氏後期作品如「形上學導論」（一九五三年）之類，已和「存有與時間」完全脫節。

現在我們把「存有與時間」的結構，其完成與未完成的部份作一剖析。以後我們循序介紹每

---

⑪ M. Heidegger: *Sein und Zeit, Erste Hälfte, II*. Auflage, Max Niemeyer Verlag, Halle a.d. S. 1929, S. 7, 44.

一部份。

海德格在導言中，先把自己寫這本書的用意說清，那就是在於剖釋存有。以後他說出此書計劃中包括上下二部份：

第一部份：應用時間性對此有的說明，以及把時間當作存有問題之超越視域（視線範圍）而對時間所作之解釋。

第二部份：應用時間性的題旨，以現象學方法對存有學歷史之破壞大綱。

第一部份分成三編：

一、準備性的此有之基本分析（九——十四節）。

二、此有與時間性（四十五——八十三節）。

三、時間與存有（未完成）。

第二部份也分成三編，內容不外乎批評康德、笛卡爾、亞里斯多德三人。這第二部份既根本未寫，我們也就不必費事去譯那些非常艱澀的題目了。

本章用意既在於介紹「存有與時間」，所以凡是有關這本書的內容，下面不另加註，而祇在括號中標出原文的頁數。好在「存有與時間」的原文各種版本，一律保持第一版的頁數。紐約 Harper & Row 出版的英文譯本（臺灣有翻版）也標出原文頁數，查閱時非常便利。

三、「存有與時間」的引言

瞭解存有問題的必經步驟 海氏劈頭劈腦引用柏拉圖在「詭辯者」所說的一句話：「因爲明顯地當你們應用『存有者』這一詞時，你們早已覺得很熟諳這一句的眞意；我們過去也以爲懂得它，可是現在我們到達了困境。」海德格認爲直到如今我人仍未瞭解存有一詞的意義；他這本書的目標就在於重新檢討這古老的問題，並以時間作爲理解存有的階梯(1)。

「然而，許多事物我人均以不同意義稱之爲『存有者』。凡是我人所講、所以爲、對之持這種或那種態度的，都是存有者，我們自己是什麼與如何，也都是存有者」(6)。究竟我人應當以何者作討論起點呢？海德格以爲理想的起點是引發此一問題的存有者，也就是我們自己。因此討論存有問題就在於把一種存有者弄清楚——即弄清發問題的存有者的存有。這一會發問題的存有者，海氏稱之爲「此有」(Dasein = Dieses Seiende 7, 10)。他認爲這種以此有爲出發點的存有學(Ontologie 一般譯爲本體論)遠較任何其他存有學爲優。因爲此有的一種存有特徵是理解存有(Seinsverständnis ist selbst eine Seinsbestimmtheit des Daseins 12)。此有的另一本質特徵是：在世界的存有。所以此有最初所理解的是它的「世界」，即它的環境，以及「世界」中的形形色色。因此，以非此有性(卽人以外)的存有特質爲論旨的任何其他存有學，均以此有的這一特性爲基礎和動機。換言之，如果此有缺乏理解存有的天性，如果他的另一特徵不是「在世存有」，那就不會對事物發生興趣，也根本無從理解人以外的事物（13）。海氏這一觀點，簡直是在宣佈，直到如今還不曾有人找到存有學的起點。因爲並未從此有的「在世存有」做出發點。

那末，應當怎樣去理解此有呢？答案是：經由它的存在：「此有祇能從它的存在去理解它自己，存在就是此有成爲自己或不成爲自己的可能性」。此有的本質不能因說出它的客觀是什麼而決定，它的本質在於應當使它的存有成爲它自己的存有（12）。上面這些話的意思，並不是我人不能用客觀方法確定人的形態、特性等等，而是說人自己有選擇餘地，可以對自己採取某種立場：他可以拒絕甚至否認自己存有的某一部份，例如他貧苦的家世，他所屬的種族，或者是他的思想性或感性；他也可以完全接受自己的存有，安於自己的存有，實現自己存有的全部光輝。存在就是對自己的存有採取立場的可能性：對自己採取某種立場才決定一個人的「本質」。

「存在的問題恆祇由存在本身才能澄清」，這種基於親身經驗的對自己的瞭解，海德格稱之爲「存在的瞭悟」（das existentielle Verständnis）。至於把存在的各種組織加以剖析，則可稱爲「此有的存在分析」（Existenziale Analytik des Daseins 12—13），而這也就構成海德格所說的基本存有學（Fundamentalontologie 13）。

說到這裏，海德格的第一步目標可算達到：哲學的最主要課題是存有，要理解存有必先理解此有，而「此有的存在分析」卽理解此有的必經步驟。

理解存有的樞紐——時間　海德格在長達四十頁的引言中，似乎有意思先對全書作一綱要。因此指出了此有的存在分析是理解存有的必經之途以後，馬上就說明此有的存在分析透過普通的日常生活始能獲致。在日常生活中，我人方發覺此有的本質性組織，而不祇是一些偶然事件（16）。事實上，海德格在全書第一部第一編「準備性的此有之基本分析」中，就在分析日常生活。

日常生活揭示的此有組織表示它們都是時間性的形態（Daseinsstrukturen als Modi der Zeitlichkeit）。這點容許海德格說出了他的另一基本思想：時間性不但揭露了此有的意義，而且是一切存有學的中心問題：存有與時間性不能分離（17—19）。

從這個論點出發，海德格著手破壞整個存有學的歷史，也就是破壞以前討論存有學的方式。他指出這一項工作並非旨在埋葬過去，而是要找得一條正確路徑。他認爲康德、笛卡爾、亞里斯多德都沒有把時間弄清楚，因此他們的存有學建築在很貧弱而不可靠的基礎上。本文緒論中已經說過，對傳統存有學的破壞工作，原應構成「存有與時間」一書的第二部份。

現象學方法的運用　海德格的特點之一是喜歡咬文嚼字，這一特點隨處都可發現，而於「現象學的研究方法」一節格外明顯。

現象學一詞，德文是 Phänomenologie 由希臘文 Phainomenon 與 logos 二字湊合而成，意思是現象的學問。*φαινόμενον*的原來動詞*φαινεσθαι* 意思是顯露自己，因此現在式分詞*φαινόμενον*

的意思是顯露自己者、明顯者。原來的動詞還和 φῶς（光）有關，光是使事物明顯的工具，它在自身顯露它自己。世間也有顯露自己而實際並非如此，這樣的顯露自己，我人稱之爲僞裝（Scheinen）。僞裝之所以有其可能性，正是因爲顯露自己是件可能的事（28—29）。因此現象一詞的原義，並非康德所云與「不可見」的「眞相」對立的「外表」，而是指「於自身顯露自己者」（Das sich-an-ihm-selbst-zeigende 31）。

logos 的原意是談話，以後也習於指稱理性、判斷、概念、定義、基本、關係等等。可是 logos 的本意始終還是談話，也就是把談話中所談的顯露出來。談話使人見到所談的東西（Sehenlassen 32）。因此，Phainomenon 與 λόγος 二字湊合起來的意思是：使人見到那於自身顯露自己者，也就是使隱而不顯的東西彰顯出來。基於上述解釋，海氏認爲存有學與現象學不可分。現象學所說的現象，就是顯露出存有者的存有、其意義、其變化及其衍生物（34—35）。

四、第一編：「此有」的基本分析

㈠「此有」與「每一自我性」

在第一章（九至十一節）中，海德格要澄清此有的特性。此有的存有每次是「我的」存有：

此有與自己的存有發生關係（41），這種關係就是所謂存在（Existenz）。正如同上面已經說過，存在是「此有成爲自己的可能性」，此有的本質在使它於的存有成爲自己的存有，亦卽對自己的存有採取立場（12）。因此，此有與其他存有不同：其他存有方式祇是「手前存有」或「現成存有」（Vorhandensein），也就是一般所稱的實有（existentia），此有的存有方式則是對它自己存有採取立場的存在。它對自己所做的抉擇使它的存有眞正屬於自己（以後簡稱「屬己」）。換句話說，此有都具自我性，應當以「你」「我」稱呼之，它的特質是「每一自我性」（Jemeinigkeit）。

由於此有可以對自己的存有採取立場而有所選擇，所以它可以「獲得」或「失落」自己的存有：它的存有方式可能是屬己的（eigentlich）或非屬己的（uneigentlich）。海德格也往往稱這兩種存有方式爲純眞的（authentisch）與非純眞的（unauthentisch）。這一題材在第二編中將有更多的發揮（42）。海德格之強調「與自己發生關係」的「每一自我」。很明顯地是受到齊克果的影響⑫。

海德格認爲人類學、心理學與生物學都從「現成存有」的觀點去硏究此有，所以不得要領（49）。這些學科都有它們的價値，但是不能指出此有的特質（50）。

---

⑫ 祁克果的人生哲學，香港基督敎輔僑出版社，一九六三年初版，四五——七〇，七九——八〇頁。

㈡「此有」的「在世存有」

上面所說的此有特質均以下面這一基本事實爲先決條件，那就是此有係「在世存有」（das In-der-Welt-sein）。「在世存有」這一詞中的「在世」是什麼意思呢？那並不指水在杯中、衣服在衣櫥中這一類非此有性事物的「在」，這樣的「在」以「手前存有」或「現成存有」爲基礎。此有的「在」則指「住」「停留於」「習於」等等。「在世」的意思是指：我住在世間，我停留在世間，我習於這樣的世界（54）。此有與「在世」不能分離：它並非孤獨的存有，並不是可以任意與世界發生關係或不發生關係，而是必然地與世界發生關係（57）。海氏所云的世界實係此有所理解的「精神世界」。

與世界的必然關係之一是「關切」（Besorgen）：此有在世界裏面始終有一些事要做，要造成什麼東西，要照顧、應用、捨棄、諦視什麼東西，這就是海德格所云的關切（57）。

每一此有周圍的實際情形，海德格稱之爲「現實性」（Faktizität）。現實性這一概念，一方面指存有者的「在世存有」，另一方面表示，它和它在世界中所遭遇到的存有者之間休戚相關（56）。此有既必然地是「在世存有」，所以它不能脫離現實性（見下文「日常生活與此有的陷溺」）。

「在世存有」的「世界」是什麼意思呢？它可以代表世間所有的一切，也可以指此有所生活的環境。就後者的意義而言，世界又可指「公衆的」我們世界（“öffetliche” Wir-Welt），或可指「屬己」而親近的環境（“eigene” und nächste Umwelt）。海氏應用「世界」一詞時，通常都指此有所生活的環境（64—65）。

此有在世界中因「關切」而日常遇到的事物，我人可稱之爲具（Zeug）。作爲具的事物以「手前性」或「現成性」（Vorhandenheit）爲先決條件，但它們的特質却是「及手性」或「可用性」（Zuhandenheit 71）。「及手」的工具是此有生活環境的要素，而記號（Zeichen）即主要的及手工具之一（82）。

日常所應用的具對我人比較接近（102）。此有對接近（Nähe）有一種本質傾向：今日的各種交通工具和大衆傳播工具，都是這種接近傾向的表現，它們使人打破距離的束縛（105）。和我人最接近的卻並非距離最小的事物，而是我人能達到、抓到、看到的東西。例如眼鏡雖騎在鼻子上面，但我人並不見到它，所以其他事物反而比眼鏡更接近我們（107）。

要接近疏遠的事物，此有需要一定的方向（Richtung 108）。距離與方向構成此有的空間性（Räumlichkeit 110）。因此，根據海德格的說法，空間既不在主體以內，世界也不在空間以內（Der Raum ist weder im Subjekt, noch ist die Welt im Raum 111）。空間並非主體所杜造，而是由於主體——此有具空間性；所以它以「在世存有」的資格在世界以內發現空間。就這一意義來說，海德格認爲世界並不在空間以內，而是空間在世界以內（111）。

㈢「共同存有」、「自我存有」與「人們」

作爲「在世存有」的此有具三種基本特質：即關切、共同存有（Mitsein）和自我存有（Selbstsein）。上面已解釋過關切的意義，這裏繼續討論「共同存有」和「自我存有」。

「自我存有」 關於「自我存有」的性質，海德格在第一編開始就說：此有與自己的存有發生關係，即會反省自己而具自我性。這也就是說：人的行爲和生活經驗都不息地變化著，但在變化後面有一個不變的自我。海德格強調不可把這「不變的自我」看成一種「現成存有」（114），也就是說祇視之爲一種實在的東西。海氏以爲這並非此有的存有方式，因此略而不談（115）。他主張人的實體或自立體（Substanz）並不是齊克果所云的靈魂與肉體綜合的精神，而是人對自己存有採取選擇態度的存在（117）。人的「自我存有」就是他的存在。

「共同存有」 「自我存有」並非開始時以孤立狀態出現，他人也並非我以外的其餘一切。我原來就與他人一起，與他人不能分離。人與人在一起，並不如其他非此有性的一切祇共同在「手前」而已，而是共同「關切」此世的「在世存有」。此有的世界是共同世界（Mitwelt），它的存有是與他人一起的「共同存有」（118）。

自我與他人在共同關切的世界中相遇。不僅是他人，就是我人自身，也需要「見到」「經驗到」周遭的「及手」事物方能找到我們自己（119）。人與人在工作時彼此相遇（102）。

此有對非此有性的事物之遇到稱爲關切，但對於共同存有，我人的態度是關心（Fürsorge 121）。關心有兩種可能性：一種是代人關切一切，使被關心者不勞而獲，結果形成倚賴心，反使他不能獨立。另一種關心是暫時先代人關切，適可而止，在他能獨立時就讓他自己處理一切（122）。

「人們」　在共同關切的世界中，以及在與他人共同存有時，此有往往不替自己留一絲餘地。人與人一起日常生活時，代替此有「自我性」出現的，往往是誰也都是、又誰也不是的「人們」（Man）。當我們應用大衆交通工具或大衆傳播工具時，我們都像是失去自我性：這樣與他人在一起，使屬己的此有（das eigene Dasein）完全消失於「他人」中間。這時每人都成爲無足輕重，而「人們」就施展出它的魔力。「人們」都這樣欣賞、判斷、閱讀……，我們也就跟著一起欣賞、判斷、閱讀……（126）。當每一此有要做什麼決定時，「人們」就把他的責任全部接受過去：我非如此說如此做不行，因爲「人們」都這樣說這樣做（127）。這樣（每個人都成爲他人，沒有一個人是他自己」（Jeder ist der Andere und Keiner er selbst 128）。實則「人們」究竟是誰呢？它什麼也不是，誰也不是，它是「無人」（Niemand）。日常生活中的此有就這樣爲「人們」所控制而祇是「人們的自我」，屬己的自我無法浮現出來（129）。

㈣心境、理解與設計

心境　此有最獨特的一點是具開顯性，而 Dasein（此有）一語的 Da（在此）正是表示開顯性（133）。這一開顯性（Erschlossenheit）最先表顯於心境（Befindlichkeit=Stimmung）之感受與變換，尤其表顯於心境之一種——恐懼（Furcht 134—142）。此有的心境顯示出它的情況：它是否厭倦於自己的存有（134），它是否覺得自己的「被投擲性」（Geworfenheit dieses Seienden in sein Da, 135），不知何由而來（Woher），也不知其何所去（Wohin）⑬。這樣的心境並不因理性的確信而消除：一個人儘可用理性的理由使自己確信已解決何由來、何所去等問題，但心境還是一點不饒人（136），使他迷茫不安。

理解與設計　上文已說過，此有的存有方式是對世界的關切，或者是對他人的關心。這兩種存有方式同時附帶著理解。理解一件事的意思，就是能够制服它，有某種能力；沒有這種能力，根本就無從關切或關心。理解是此有的基本存有方式（143），它表顯出它具何種存有可能性（Seinkönnen 144）

理解始終帶我們闖入各種可能性中，因爲理解本身原來具有設計（Entwurf）的存在組織，「被投擲」的此有已被投擲於設計的存有方式。這裏所謂設計並不是指 依著預先想好的計劃行動，而是說凡是此有，都是在替自己作計畫；在它存有期間，它繼續設計著，而且非設計不可，

⑬ 民國五十九年一月底投海自盡的中國文化學院三年級女生吳錦芳，自殺前寫了一封信給她的知心好友徐月琴，裏面幾句話可以作「被投擲性」的註腳：「我不曉得該往那兒去，月琴，我從何處來，無人知曉；我到何處去，風吹，海濤，無人知曉……。」（聯合報民國五十九年二月二日）

也就是向各種可能性設計。此有始終由它的可能性理解自己，而且在它存有期間，它繼續如此下去（145）。

㈤日常生活與此有的陷溺

在討論「共同世界」時，海德格已說起「人們」使此有的獨特性喪失殆盡。這裏他比較詳細地指出「人們」的三種主要現象，即閒話（Gerede）、好奇心（Neugier）、模稜兩可（Zweideutigkeit）。

閒話　它是言語的一種。言語的目標是顯示並詮釋此有，使此有獲得開顯，它是人與人之間的溝通。閒話則並不溝通言語所揭示的存有，而祇是彼此在一起談談而已。閒話的內容不但很快就傳佈出去，而且會以權威姿態出現：「人們既如此說，事情一定就是如此」（168）。閒話並不限於口頭傳聞者，在大眾傳播工具非常發達的今日，它往往以文字或其他方式傳佈於世。閱讀者或聽眾的一般理解力無法分辨，那些合乎事實，那些祇是閒言閒語。閒話使人還未把事情弄清楚就以爲已理解一切。言語的固有目標是溝通，是此有的存有開顯。閒話則因爲一開始就對存有失去聯絡，所以反而成爲一種封閉（Verschliessen）。許多人的看法往往不能脫除閒話的影響，始終不能越過雷池一步：他們的情調、興趣、見解都是如此。一般人都習於這一情況，而不明瞭自己根本已喪失了自我。

好奇心 此有使存有眞正屬於它自己（genuine Zueignung）而揭示出來（Erschliessen），就是理解；根據這個理解，此有可以按照它的基本可能性採取行動。在日常生活中，我人以視覺作爲理解的階梯。亞里斯多德在有關存有學的著作中，一開始就說：人的存有中本質地有看的慾望（形上學 A 1,980a21）。聖奧古斯定在懺悔錄第十篇三十五章也說：「本來看見祇屬於眼睛，可是當我們應用感覺去認識事物時，都習於用「看」這個字。……我們不但說，你看這東西怎樣在發亮，實則祇用眼睛我人無從辨認這件事；而且還說：你看有什麼響聲，你看有什麼氣味，你看有什麼味道，你看這多硬。……」因此好奇雖不限於視覺，但視覺卻佔好奇的重要地位（171）。

好奇心促使我們爲看而看，並不要把看到的加以理解。好奇心之所以要看到新事物，目的祇是再跳到另一新事物去。所以好奇心的特徵就是「不留在下一處」（Unverweilen beim Nächsten），不想停留下來細細觀賞一番，而祇是不安地變換目標，找新的刺激。好奇心所要的祇是消遣而已。不停留和消遣以外的第三個特徵是無居住性（Aufenthaltslosigkeit）：好奇心在任何地點，又任何地點都不在。它的存有方式就像一株無根的樹（172—173）。

那自以爲盡見一切的好奇心，以及那自以爲理解一切的閒話，表面上它們似乎都保證此有度「生氣勃勃的生命」（173），使人如劉姥姥初進大觀園一般地應接不暇。

模稜兩可 日常生活中有些事情，每人都可以說給另一人聽。這樣的「老生常談」卻未必爲每一談話者所領會。表面看去，似乎一切都已理解、領悟而且訴諸言詞，其實不然；或者表面看去似乎並未理解，其實卻已理解。類似的模稜兩可情形不但見諸世界，而且見於人與人之間的關係，甚至伸展到此有對自己的關係上（173）。

人與人之間的關係往往為閒話所侵入。「人們」的言詞已使我對另一人有某種看法，對方也以同樣的態度對待我。在彼此共同存有時，我與另一人之間就互相偵視，彼此注意：在互相關心的面具之下，彼此互相敵對。雙方面都似理解對方，而又似乎不理解。

陷溺與「被投擲」　閒話、好奇心與模稜兩可是日常生活中存有的基本方式，我人稱這種方式為此有的陷溺（das Verfallen des Daseins），意思是此有陷溺於「人們」的無名羣眾中（175）。然而我人在陷溺情況中往往反覺生活非常充實：我們沉浸於工作中，天天與世間的「新聞」接觸，天天有新的刺激，覺得大可釋然於懷（177）。這樣安心於陷溺情況，當然更加強了陷溺：此有對它自己的自我失去了聯繫（178）。

陷溺屬於「現實性」的一部份，作為「在世存有」的此有不能脫離它的現實性；換句話說，此有不可避免地會被捲入「人們」的非屬己性中，它「被投擲」於陷溺的漩渦之中。陷溺之所以成為可能，是因為此有本質地是「在世存有」，與世界打成一片。屬己的存有並不是在造成陷溺狀態的日常生活之上飛翔，而是攫住日常生活而加以改造（179）。

㈥憂懼與關念

海德格的此有分析已揭示出，此有在日常生活中是被投擲的、陷溺的、替自己設計的在世存有，它在此世及和他人共同存有時，應以達到最獨特的存有可能性爲目標（181）。這一切顯示出此有的多面性。現在海德格想用一個概念來表示此有的整體：他以爲這概念捨關念（Sorge）莫屬；而要解釋關念，必先由憂懼（Angst）爲起點（182）。

憂懼　憂懼是揭示出人的實情的一種心境。這種心境與恐懼相似，但卻有基本的不同。恐懼以世間某種具威脅性而接近的事物爲對象；憂懼則沒有一定的對象：威脅性的事物什麼地方都找不到，但卻是實在的。憂懼的由來是世界本身，是在世存有本身（185—186）。

此有在陷溺狀感中，逃避了它自己，迷失了自我（184），並且安於陷溺境界。憂懼則使世間之「及手存有」與「共同存有」都失去意義，使此有無法再以「人們」的見解爲憑藉而陷溺自己。屬己的在世界之存有可能性使此有發生憂懼。憂懼使此有孤獨起來，使它意識到自己最獨特的在世存有，它向著多種可能性替自己設計（187）。這樣憂懼使人發覺自己的自由身份，發覺人有選擇並攫住他自己的自由（188）。在憂懼的煎熬之下，過去安於陷溺的情形不見了，代之而起的，是「無家可歸」（Unzuhause）的不安心境（189）。

關念　上面指出憂懼使人發覺自己有選擇屬己性或非屬己性的可能（Möglichkeit von Eigentlichkeit und Uneigentlichkeit）。選擇屬於自己的最獨特存有的可能性，表示此有在它的存有中已先於它自己（ihm selbst vorweg），此有始終超越它自己（über sich hinaus）。」在世間遭遇的存有者旁邊，已在世間而先於它自己的存有」（Sich-vorweg-schon-sein-in （der Welt） als Sein-bei（innerweltlich begegnendem Seienden），海德格稱之爲關念（Sorge）；他認爲關念足以顯示出此有的整體，並能包括對「及手」事物的關切和對人的關心（192—193）。

在四十三節中，海德格引用一個拉丁文的古代寓言，作爲關念爲人的主要特徵這一見解的佐證（197—198）：

關念（Cura）過河時，看到一塊黏土，
她思念著拿起土開始塑造。
她正想自己已做成什麼，耀維斯（Jovis）來了。
關念請求他把精神賜給它，她輕易地得到了所求的。
當關念要起她自己的名字時，
耀維斯不許，他說應當起他的名字。
關念與耀維斯正爭論間，大地（Tellus）起來了，
同時要起她的名字，因爲是她供給了肉體。

於是他們請時間（Saturnus）作法官，他這樣公正地判決：
耀維斯既給與了精神，死時你取回精神吧。
大地既給與了肉體，死時你取回肉體吧。
關念既最先塑造，有生之日就讓她掌握。
但是現在既因名字發生爭執，
可以稱爲禾莫（homo），因爲他似由泥土（humus）而成。

人之得以成爲完人，在於選擇他最獨特可能性的自由，即在於他的設計，而這也就是關念的功績。關念同時又指出了此有的另一基本形態，即它已被交付給所關切的世界手裏，它已被投擲於這個世界，和世界休戚相關。「關念」一方面指出人替自己設計，先於他自己，選擇自己的可能性，另一方面也表示出他生活於憂患、焦急之中（199）。

㈦「外界」的實在性

對於這一涉及認識論的問題，海德格的態度相當特殊。他認爲一般所云的實在性（Realität）以「現成」與「及手」的存有爲基礎，存有被視爲與實在同義，此有也被當作某種實際的「現成存有」。海氏以爲這樣的實在性觀點使我人無法從事於此有的存在分析，因此非改正不可（201）。

海德格這裏所反對的，主要就是康對現相與眞相的區分。康德覺得我人至今尙無令人完全滿意的理由，足以使我們證明「在我們以外事物的實在性」，這實在是哲學與人類理性的恥辱（203）。海氏則以爲哲學的恥辱並不在於缺乏這樣的論證，而是人們始終在找尋、等候這樣的論證。他以爲我人如眞正理解此有，這樣的論證就根本不需要，因爲此有在它的存有中，已經是那些論證所要證明的東西（205）。「外界」的實在性他以爲根本不需要證明，倒是「在世存有」要把「外界」埋葬於無何有之鄉，這件事需要解釋。海氏認爲此事之所以會發生，原因在於此有的陷溺，這樣才會造成存有基本理解的轉移，使人以爲存有卽「現成性」，亦卽所謂實在性（206）。

駁斥了康德與笛卡爾的認識論觀點以後，海德格似乎也想建立他自己的實在性理論。他因襲狄爾泰（Dilthey）的說法，認爲經驗到實在性的是衝動與意志，而實在性卽是阻抗性（Widerständigkeit）。阻抗性祇能被向前發出的衝動與意志所經驗到，而衝動與意志都是關念的變形；關念情況中的存有者才會與阻抗之物發生衝擊。阻抗是「世間的存有者」（Innerweltliches Seiende）的特性。實在性的意識本身也是「在世存有」的一種形式（209-211）。

追根究底，實在性由關念才獲得解釋。關念是理解存有的必經之途；此有如不具備理解存有的可能性，「世間的存有者」（實在性）也無從發覺無從理解。這時既不能說存有者存有，也不能說不存有（Dann kann weder gesagt werden, dass Seiendes sei, noch dass es nicht sei）。

換句話說，海氏認爲關念才是實在性的基礎（211—212）。

(八)開顯與眞實

對於眞實，海德格也有他的特殊看法。傳統的說法是：眞實係認識與其對象的相符。海德格則認爲眞實或眞的存有（Wahrsein）是指揭示著的存有（entdeckendes Sein），眞實就是被揭示性和非隱蔽性（Unverborgenheit）；希臘語aletheia也就是表示揭示或非隱蔽性（215-219）。發覺或揭示是在世存有的一種存有方式。向周圍觀察或停留瀏覽的「關切」才會發覺世間的存有者，後者也就成爲被揭示者。被揭示者祇以次要意義才可稱爲眞實。主要的眞實者是發覺或揭示者——此有（219—220）。因此眞理或眞實與開顯分不開：此有自身如係開顯，並替他人開顯，揭示給他人，這時此有就是眞實的（221）；反之，此有如處於陷溺和封閉狀態，它就是不眞實的。此有既具現實性，即與世界休戚相關，所以它必然地會陷溺自己，而處於不眞實狀態。它必須努力奮鬪，纔能到達眞實狀態（222）。

五、第二編：「此有」與時間性

海德格在第一編「此有分析」中，指出人的存有整體是關念，而關念之主要點在於「先於自己」，替自己設計，他對自己的存有之可能性採取立場，直到他的終局——死亡爲止。因此海氏在第二編中最先討論死亡，以後繼續討論良心、關念的存有學之意義——時間性、時間性與日常生活、時間性與歷史性等問題。

㈠死亡

人的關念使他始終把自己投射到未來，也就是先於目前的自己對自己存有可能性的設計。即使是在「已經準備接受一切」的絕望境界，這一準備還是一種「先於自己」。關念使此有始終還缺乏一些東西，此有本質地有持久的未結束性（Ständige Unabgeschlossenheit）。一直到死亡來臨，此有才獲得它的完整性，然而這時它已失去了「在世存有」（236），它已不再在世。

未死的人對於已死者的態度可以幫助我們對死亡獲得某種理解。死亡使此有成爲「現成存有者」——屍體。屍體需要埋葬、舉行儀式，因此是關切的對象。這種關切也不祇像對其他「及手的」工具一般，而是一種具敬意的關心：在死者面前我們感到悲哀，我們存想、懷念。死者雖已離開了我們的世界，但我們仍能從這個世界與死者一起(238)。

無論我們怎樣和死者一起，我們無從經驗到死者本身的終局；換言之，死亡是無法由他人替代的。在日常生活中，每人似乎都可由他人頂替：我不能做的事可以由他人代替。然而死亡不然，沒有人可以代替每一自我的死亡（239—240）。

上述分析可以總結成下列三點：第一、此有始終是不完整的，它還有一部份尙未完成。第二、每一尙未完結的存有之終局，具有不再在此的特性。第三、每一此有的終局都具不可代替性(242)。

誠然，人人都知道自己會死。可是，我人在日常生活中對死亡的想法是：「人們」在死去，好像死亡對我們的關係非常遙遠，我們大可以高枕無憂（253）。「是的，死亡一定會駕臨，但暫時還不會來」，這樣的想法根本就忘記死亡隨時都能來的確實性（258）。由於意識到無定時但確實會來的死亡、而發生的心境就是憂懼（Angst）：「向著死的存有本質地是憂懼」（Das Sein zum Tode ist wesenhaft Angst）。由確切體會到自己隨時可死而產生的憂懼，使我們不再沈淪陷溺，而成爲屬己的純眞的自我（266），因爲不可頂替的死亡使人體會到自己是獨特的自我（263）。

(二)良心的呼聲與決斷

人的屬己可能性往往因日常生活而喪失。什麼力量能使人反樸歸眞呢？海德格的答覆是：良心的聲音。他以爲良心的聲音既不容心理學或生理學的描寫和分類與以破滅，也不應利用上帝之名去解釋，更不能用良心現象作爲上帝的證據，或甚至以之爲直接對上帝的意識。這裏海氏與雅士培的見解針鋒相對。雅氏主張一個人如能不受世間事物的限制，而選擇存有的絕對要求（也就是聽從良心的呼聲），保持內心的正直，這時人是受到了超越界的助佑，一隻無形的「從超越界伸給他的手」支持了他⑭。反之，海德格所說的良心，祇是此有的「自我開顯」而已（269）。

良心的呼聲　此有在日常生活所聽的都是人們的閒話，它就聽不到屬己自我的呼聲，這呼聲是以言語的形式（Modus der Rede）發出，它所召呼的（das Angerufene）就是屬己自我（das eigene Selbst 272）。它並沒有什麼消息告訴我們，也不是要我們自言自語，而是叫我們注意我人最獨特最屬己的存有可能性。良心的聲音是默默無聞的，但它有力量使人從迷失中回到此有的自我（273）。

然而，究竟是誰在召呼誰呢？答案是此有召呼它自己。可是，良心的呼聲卻不是我人自己計劃中所要的，它的呼聲違反我們的期望和意志。良心的呼聲在我以內，卻又超乎我以上。海德格以爲，良心的呼聲卽上天之聲的信念，卽由上述這一現象而生（275）。

既不要上帝的觀念，海德格就用下面的理論來解釋良心。此有在日常生活中被投擲此世而失落自己。這時發生一種使此有不自在的心境，就是憂懼；而覺得不自在的此有，就是發出良心呼聲的召呼者（276）。憂懼使我人不再顧慮「人們」的閒言閒語，而祇注意屬己的存有可能性，屬己的存有可能性就是上面所說過，「先於自己」，也就是關念。這樣，歸根結底，良心原來就

---

⑭ Karl Jaspers: *The Perennial Scope of Philosophy*, Routledge & Kegan Paul, London 1950, pp. 64-97.

是關念的呼聲（277）。

負責任　良心的呼聲往往會告訴此有，它對某件事是否負責任。譬如我欠人的債，良心告訴我有償還的責任（281）；我的某種行爲如果使他人受害，對此我也覺得應負責任。但這樣的負責任都以我人所關切的事物或所關心的他人爲對象（282）。另外一種負責任觀念與法律相聯繫：不守某一法律，人就覺得自己有罪，應負責任。這樣的負責任，其來源是由於一種缺乏，即由於某種「不在手前之物」（Nichtvorhandensein），如未守法律，未做什麼事等等，海德格則認爲負責任這一問題必須由此有做出發點，而不能用「手前」或「不在手前」的區別來解決。

海氏卻以爲「不」的觀念與負責任觀念有關：負責任的意思，就是「一個由『不』所限定之存有的基礎」，亦卽「空無的基礎」（Grundsein für ein durch ein Nicht bestimmtes Sein—d.h. Grundsein einer Nichtigkeit 283）。這句話的確令人莫名其妙，但卻蘊含着深刻的意義。

海德格所云「空無的基礎」，首先是指點此有之被投擲於世，並非由於它自願；它有選擇的可能性，屬於它自己，可是這一切的基礎卻不是它自己所給與。並非自己所願意所給與的行動基礎就是「空無的基礎」（284）。其次，此有是「關念」，它先於自己替自己設計，它必須替自己作自由抉擇。然而抉擇時我人祇能選擇一種可能性，而不選擇並且不能選擇其他可能性。這不選擇與不能選擇就是另一個空無性。因此，關念本質地爲空無所徹底貫穿，它是被投擲（因此是空無）的設計，一種本身爲空無而造成空無的基礎。按照海德格的說法，空無就是負責任，因此他說此有本身就負責任（Das Dasein ist als solches schuldig 285）。在海氏詞彙中，負責任與關念幾乎具同樣的意義：掛念既徹底是空無的，所以它本質地就負責任。

這樣說來，聽取並理解良心的呼聲就是此有瞭解自己爲空無的基礎，也就是負責任。而所謂負責任，卽自由地選擇自己，成爲純眞的存有（287）。

海德格對良心所作的解釋，很明顯地不同於一般的意義。一般意義的良心大抵與某種已完成或要想做的行爲有關：對此項行爲與以判斷，警告人從事某項行爲，或者對某項行動與以譴責；做了不應做的事，良心感到愧怍（schlechtes Gewissen）；反之，做了一件好事，良心會覺得躊躇滿志（gutes Gewissen）。海氏則以爲這些都是對良心的通俗想法，與良心的「眞意義」相差不啻幾千里（289—295）。

決斷　上面說過，在海德格心目中，日常生活中失去自我而感到不自在的此有對自己的呼聲，就是良心的呼聲；它使我人實現屬己的存有可能性。理解良心的呼聲，海德格稱之爲「願意有良心」（Gewissen-haben-wollen 295）。這時此有以新的方式開顯揭示了它自己，也就是揭示了它的不自在（Unheimlichkeit），它的憂懼和獨特性。「願意有良心」就是對憂懼的準備和接受（Bereitschaft zur Angst 296）。良心的呼聲默默無聞，但卻使此有依著自己的責任行動。這種「沉默的、準備接受憂懼的、向著最屬己的責任替自己設計」，海德格稱之爲決斷（Entschlossenheit 297）。

任何此有都置身於現實境界中，所以，此有必須面對它被投入的現實境界的不確定性。當我人從各種可能性中決定一種的時候，就是替我們自己做了設計，亦卽對現實境界的可能性加以確定（298）。這裏海德格自設的一個問題很有意思：「此有在決斷時向著那一方向揭示自己呢？它應向那裏作決定呢？祇有決心自身能够給我們答覆。」他認爲決斷與不確定是不可分的（Zur Entschlossenheit gehört notwendig die Unbestimmtheit）。決斷時，此有脫離了「人們」的掌握；因爲「人們」祇知道一般情況，而絕不理會此有的獨特「處境」（Situation 299—300）。此有因決斷而造成的情況稱爲「處境」。唯獨藉著決斷，我人纔能實現屬己的存在。

㈢時間性

海德格把他這一部最重要著作命名爲「存有與時間」，已足見時間在他思想體系中佔何等重要的位置。然而他對時間的討論方式卻非常特別：完全從人的決斷、掛念、日常生活等等去分析時間所佔的位置，甚至空間也被他用時間的角度去衡量。上文已說過，海德格稱關念爲此有的存有，現在他希望說清，時間性與關念難拆難分，並且時間性就是關念的意義。證明了這點，「存有與時間」第一部份第二編的目標就算達到。

預期的決斷 海德格先分析「預期」和「決斷」這兩個現象。屬己的「向着死的存有」是對死亡的預期，因爲一如上文所述，死亡使人體會到自己最獨特的存有可能性；另一方面，此有的屬己存有可能性是決斷。這兩個觀念湊在一起就成爲預期的決斷（Vorlaufende Entschlossenheit 302），海氏認爲此有的本質是關念（303），關念包括了此有的整體組織，而「預期的決斷」正表現出此有屬於自己的整體性。

對死亡的預期會使人脫離「人們」的羈絆，使人體會到雅士培所說的「界限情況」。但預期並非一種「克勝死亡」的逃避方式，而是使人不帶任何幻想而毅然有所決定（310）。下面海德格將會說出，何以這「預期的決斷」表現出此有屬於自己的整體性。

自我性與關念　依海德格的說法，關念包括三種成份，卽存在性、現實性和喪失性，這三種成份合併在一起，形成此有組織的整體（317）。此有被投擲於世界，與某些事物休戚相關，這是它的現實性；此有日常生活之大半陷溺於「人們」，這是另一不可避免的事實；此有又向著存有的可能性設計，這也就構成此有的存在性（221）。此有的純眞而屬己的存有方式卻是它的「先於自己」，也就是所謂預期的決斷。

海德格認爲自我性並不在於康德所云的「思考之物」（res cogitans），因爲「思考之物」究竟屬於「現成」範疇。海氏則始終認爲此有不能用任何「現成性」去解釋（319—322）。自我性並不是一種所謂自立體，而是成爲自我的純眞可能性，也就是此有的關念；自我性就是預期的決斷（322）。關念既形成此有組織的整體，與關念如此接近之預期的決斷，因之也表現出此有的整體。

關念與時間性　上文已解釋過海德格對關念所下的定義：它是「在世間所遭遇之存有者旁邊、已在世間而先於它自己的存有」。「先於自己」的基礎是到向：面對存有可能性而設計，就是走在自己面前，也就是以到向爲主；「已在世間」是已是，「在世間所遭遇之存有者旁邊」卽現在（327）。預期的決斷先走在自己前面，由向著死的存有（到向）回向過去的被投擲性，從而把自己帶入現在的「處境」。在這一過程中，已是和現在所烘托著的到向（gewesend-gegenwärtigende Zukunft），這一整個現象，海德格稱之爲時間性（326）。時間性使現實性、陷溺性與存在性合成一體（328）。海氏以爲時間性並非一種存有，而祇表現出「向著自己」（到向）、「回向」（已是）、「讓自己被遭遇」（現在）幾種現象；這三種現象本身都是「對外的動向」（"Ausser-sich" ἐκστατικόν），三種「對外的動向」合在一起才形成時間性。屬己時間性的主要現象是到向（das primäre Phänomen der ursprünglichen und eigentlichen Zeitleichket ist die Zukunft），因爲關念本質地先於自己，也就是以到向爲主。此有是向著死的存有，而死是存有的終結；換句話說，此有的到向是有限的，是空無。由於這一認識，此有回向過去的被投擲性和陷溺性，斷然對現在採取行動（329）。

日常生活與時間性　上面海德格努力於說明時間性與關念的關係。在第四章中，他把第一編第四第五章裏面有關日常生活的幾個主題重新提出，並指出這一切都與時間性結了不解之緣。

首先，理解是「對存有可能性的設計」，而設計根本是到向。此有先於自己、到向自己、回向已是而對現在作決斷（336—337）。決斷時的到向是屬己的未來；反之，如果祇是守株待兔，等候未來的可能性，那就是非屬己的未來了（337）。

心境以被投擲爲基礎，而以已是爲主（340）。陷溺對存在的意義則是現在：陷溺的一種形態——好奇是等候後來的東西，不停留在任何地方；那是一種非屬己非純眞的現在（347）。最令人發噱的，是海德格用時間性解釋空間：此有在世間發現空間的基礎是方向與距離，也就是使某一「現成」或「及手」之物接近；向某一方向接近就造成現在（368—369）。因此時間性是此有在世間發現空間的先決條件。海德格於一九六二年的一篇演辭中，否定了以前用時間性去解釋空間性的嘗試⑮。

㈣歷史性

出生與死亡之間的連接　此有是向著死的存有，這是海德格的口頭禪。然而死亡祇是人生的一端，另一端是出生。出生與死亡中間纔是此有的整個存有。出生與死亡中間互相連接，我人都覺得是經驗之談：在一切變化之下，我人覺得有一個自我連接著那些變化（373）。可是這樣的連接，海德格認爲是屬於現成性的；從存在觀點而言，出生並不完全屬於過去，而死亡也並不完

⑮ M. Heidegger: *Zur Sache des Denkens*, Max Niemeyer, Tübingen, 1969, S. 24.

全屬於未來：此有把出生與死亡連成一條線，因爲此有就是關念。此有一方面是以被投擲者資格出生，另一方面又是向著死的存有：此有預期死亡而接受被投擲的命運；這時死亡與出生就被此有以關念身份連接在一起（374, 391）。這樣的連接也可稱爲一種特殊的伸展，這伸展是此有的一種動態：「被伸展的伸展自己之特殊動態」，海德格稱爲此有的事件（Die spezifische Bewegtheit des erstrekten Sicherstreckens nennen wir das Geschehen des Daseins）。所謂「被伸展」大約是指被投擲性，「伸展自己」則似乎是指預期死亡而接受被投擲性（375）。海德格心目中，歷史的根基在於此有的到向（386）；歷史性與時間性和關念都分不開（375）。此有之預期的決斷把死亡放在眼前，把被投擲的它自己全部接受，同時對處境下了決心（382）。以被投擲的身份，此有原是在世存有，陷溺在「人們」中。預期的決斷則把此有被投擲的「遺產」全部接受，這樣就接受了一己的命運（Schicksal）和與人共有的時運（Geschick）。到向自己，面向自己的死，同時回向自己已是的被投擲性而與以接受，而又斷然生活在自己的處境中，這才是屬己的時間性和歷史性（385）。此有本質地是關念，先於自己，必須以預期的決斷作自我設計。但它往往祇著眼於日常的最接近的視域，這就是非屬己而不純眞的歷史性了（376）。

此有與事物的歷史性 一般人心目中的所謂歷史，是指對現在有關或無關的過去的事。過去可能留下一些東西，這些東西也分享歷史性，例如尚在人間的希臘神廟遺跡，就被視爲具歷史性（378）。我人進入博物館，見到許多名人的畫，古人的衣飾等等，我們會說：這一切屬於過去的時代，屬於歷史。然而，博物館中的陳列品並未「過去」，它們是「現成的」實有之物。何以這些「現成」的事物具歷史性呢？因爲它們有一些東西已屬於過去：它們屬於另一個世界，是另一世界中此有的關切對象，而這一世界已一去不復回（380）。依據海德格的說法，博物館中的古物具有歷史性，祇因爲它們屬於「已有過的」（da-gewesen）此有；眞正具歷史性的唯此有而已。「現成」或「及手」的存有祇不過加入世界的歷史湊湊熱鬧。因此，房屋、書籍、組織、鄉村、戰場都能够有它們的歷史，它們都藉著此有而取得歷史性（288—289）。

歷史性與歷史　既然如此，歷史這門學科（Historie）也如其他學科一般，祇能是此有的一種存有方式：歷史之所以能够產生，是因爲此有本來就是歷史性的（Geschichtlichkeit des Daseins 392）。歷史的眞正意義，不在於記載一些過去的陳跡，也不在於從歷史事實中推究出什麼「定則」，而是從此有替自己所抉擇的未來去發覺「已有過的」史實中之可能性，從而對存在的未來性發生力量（395）。

六、「存有與時間」留下的若干問題

「存有與時間」的分析至此已告一段落，寫完時眞覺如千鈞落地。的確，這本書眞太不容易讀：無論是讀原文或偶然對照英文譯本，往往費了九牛二虎之力讀完一節，卻不知究竟在說什麼。慢慢地把握住幾個常常出現的中心思想，才漸漸升堂入奧。這本書放在案頭整整八個月（民國五十八年一月至八月底），時讀時輟，直至決定寫這篇文字以後，纔硬著頭皮把它啃完。

何以這本書這樣難讀呢？作者認爲大致可以歸結到下面兩個原因：

第一、海德格所應用的許多名詞，他都賦以特有的意義。例如：Dasein（此有）、理解、良心、現實性、關念、時間性等一連串的名詞，都不能以一般意義去解釋。這樣的名詞觸目皆是，而且又佔樞紐的地位。所以讀「存有與時間」幾乎要學會另一種語言，卽海德格的語言。任你如何精通德文，初次翻閱這本書，你一定會莫名其妙。這究竟是創造性思想家的一種需要，還是德國學人的怪癖，本文作者至今不敢斷言。事實上，創造性思想家往往想到前人所未想的問題，發覺了前人所未發覺的眞理，這樣他們就需要創造出新的名詞。現代化學、物理學，或最時髦的操縱學中的新名詞就是如此。德日進由於同樣的需要，也創造了一大堆新名詞。海德格的這許多賦以新意義或甚至杜撰的新名詞，是否也有同樣的必要性呢？一部份的確如此，一大部份卻屬於他的怪癖。這一怪癖以後也傳至沙特和最近走紅的戴希達（Jacques Derrida）。

第二：「存有與時間」的許多句子都像是「自明眞理」，又像是「定理」「定義」一般。然而，除非你已經知道而且接受海德格的思想，那些斷然的肯定很難令人同意。例如他說自我的同一性基於人「先於自己」的「關念」，而不基於任何「現成性」（319—323）。那末，當我人睡覺而不再「關念」時，是否保持自我的同一性呢？這樣的問題，海德格似乎根本不予理會。凡是遇到這樣的問題，他都照例運用他的法寶——存在性：他會說：此有（人）祇能以存在性去理解，卽從他的自我設計和抉擇去理解；「現成性」（卽實在性）根本不能解釋此有，屬於範疇思想，遺忘了存有。然而，問題依舊還是沒有解答：卽使我們承認此有的本質是存在性，但如沒有不變的某種「現成性」，自我的同一性還是不能解釋。存在性與範疇性的思考方式因此是互相補充的。

最主要的問題是：海德格在這本書中能否解決他所提出的基本問題？海氏撰寫此書的目標是討論存有與時間。他以爲要明瞭存有，必先從發生這一問題的特殊存有者開始，也就是從此有——人開始。於是他先分析此有（第一部第一編），以後討論此有與時間性的密切關係（第一部第二編）；不幸原應作爲第一部第三編的「時間與存有」並未問世。這樣，海氏不過分析了此有和時間兩個現象而已。至於時間是否和存有必然連在一起，對此海氏在這本書中未作交代。因此，海德格一直到「存有與時間」一書的第六版始終保持「上册」（erste Hälfte）的名義。這本書在形式上、內容上都是未竟之作，它還需要以後的作品去補足（見本章第一節，頁八五第一段。）

伍　對海德格思想的初步理解

一、從全集說起

海德格離世前一年，法蘭克福的格羅斯德爾孟（Klostermann）出版社已於一九七五年推出了全集的第一本。說來也眞奇怪，海德格全集出版的第一本卻是計劃中全套書的第廿四冊，討論現象學的基本問題，過去從未發表過。計劃中的全集總共將出七十餘册，每册在四五百頁之譜。毫無疑問，海德格的著作已成爲哲學古典名著。目下在西德也盛行著分析哲學和批判的理性主義，海德格思想幾乎已成絕響。但這是一時的現象，海氏對哲學的未來發展留下了不可磨滅的戳記，這該是一樁不爭的事實。

海德格自從一九二七年發表「存有與時間」以來，他在哲學界的地位一向都很穩固；也就是說，大家都承認他對二十世紀的思想有卓越貢獻。但也早有人對他表示懷疑。原來，海德格的著作很不易讀，往往令人莫測高深。於是就有人懷疑：這表面上莫測高深的面貌後面是否有貨眞價實的內容？它會不會像安徒生童話中所云的「皇帝的盛服」，禁不起兒童天眞無邪的一瞥呢？

說句實話，我自己也一度發生過類似的懷疑，當你辛辛苦苦逐字逐句一再研讀海氏著作而不得要領的時候，會不由自已地發生是否受作弄的疑問。一個人和西洋哲學已經有二、三十年的交往而居然會如此，實在是相當惱人的。然而，經常與海氏著作的接觸却不允許我附和安徒生童話所影射的想法——海德格是思想界的一個騙子。我對海氏思想所一再經驗到的是如此；若干句子及若干片斷數年來不得其解，但在深入理解了海氏的某些用詞以後，突然會澈悟到那些句子和片斷的用意，同時也會發覺到他的觀察和描寫的確非常深刻獨到。一再有過這樣的經驗以後，我就不敢貿然武斷。約莫十年前海氏甫離世時我曾這樣描寫我對海德格思想所持的態度：「拒絕接受顯然與事實不符的內容，對一部份肯定存疑，另一部份則與以接受。由於他的某些缺點而把他全部否定，既有失公正；一面倒全部接受則未免幼稚。因為海德格也不過是有限度會死亡的人，任何有限度的人都不是萬能的。」（哲學與文化第三卷第七期二〇頁）我這一態度至今仍保持不變，祇是過去存疑的若干海氏的肯定現在已能接受，另一些仍繼續存疑而已。

二、幾個重點

由於海德格著作本身的曖昧，要瞭解他的思想的確不是一件容易的事。過去，我化了整整八個月的時間，費了九牛二虎之力，才勉強把海氏最重要的著作「存有與時間」啃完，並下決心寫「海德格的存有與時間」一文，發表於現代學苑月刊第六卷第十期（民國五十八年十月）。接著又寫「海德格的存有論」，發表於輔仁大學人文學報（民國五十九年）。說起來的確已是鞠躬盡瘁。可是後來在政大、臺大開海德格的課，一再從新細讀「存有與時間」及海氏其他著述，竟發現「海德格的存有論」一文沒有了解核心問題。更奇怪的是，海德格自己也一直在懷疑人家有否了解他眞正要講的存有問題。他在一九六六年九月二十日寫給一位美國哲學家的信中（John Sallis ed., Heidegger and the Path of Thinking, Pittsburgh 1970）就再三提及此事。問題癥結在於「存有學」或「存有論」（Ontologie）一字所引起的誤解。自從十七世紀以來，這一名詞在西洋哲學中一向指形上學的一部份，亦即一般性或純粹形上學；相對於它的是涉及世界、人、道德等特殊問題的應用形上學。海德格既口口聲聲說要討論「基本存有學」（Fundamentalontologie），難怪大家都誤解了他的意思，以爲他的用意在於嘗試重建形上學。我在「海德格的存有論」一文結尾時說海氏的嘗試沒有成功，就是指這個意思。唐君毅先生說「時間與存有」是一本形上學的書並說海氏「要由人生之時間性，以透入超時間性之存有，而使時間停住，則其所謂人生爲存有之守衞者，亦卽人生爲永恒或悠久之存有之守衞者之謂」❶，也是犯了同樣的誤解。程石泉先生認爲海氏在尋找絕對眞理，而絕對眞理又僅屬於「絕對的、完滿的、永恒的存有」❷，也和唐君毅的說法大同小異。其實，凡是沒有閒暇去細讀「存有與時間」原著的人，都很難捉摸到他的思想。而讀此書時，我們又很容易爲一己的想法蒙蔽，無法體會到他的眞意。

下面我將設法以最通俗的手法表達出海德格思想的四個重點。當然不能完全避免應用海德格所習用的名詞。這些名詞雖是西洋哲學所固有的，但已由海德格賦以特殊意義。因此凡是遇到這樣的名詞時，必須加以解釋；讀者也必須仔細把握住每一名詞的用意，否則難免張冠李戴。這篇文字涉及海氏思想之處多半不加註腳，祇在特別重要處加註。

㈠以此有的存在性徵爲出發點的思考

儘管海德格思想以曖昧不清聞於世，他的思想卻是以每個人的體驗爲出發點。而體驗到自己的每一個人，就是他所稱的「此有」(Dasein)。據他的一位友人所云，海德格討論問題時往往

---

❶ 唐君毅：哲學概論（下），臺北市，臺灣學生書局，民國六十三年五月三版（臺初版），附編頁一〇六、一一五。

❷ 程石泉：輓近東西哲學之交互影響（中），聯合報六十八年六月四日副刊。

久久沉默不語，諦聽對方的說詞，而在緊要關頭扼要指出癥結所在。他很喜歡用「見到」一詞表示每個人的切身體驗。一個人祇道聽途說而沒有自己切身的體驗，他會說這樣的人什麼都沒有「見到」。因此，要接觸到海氏思想要點，切不可祇憑推理，而必須體悟到他所說的事態，然後再把各種事態間的關係弄清楚。

以一般意義而言，此有是其他存有者之一：石頭、樹、太陽、星星都是存有者。可是此有在其他存有者之中卻具特殊地位，因爲唯獨此有是存在的❸。海德格心目中的存在一詞由齊克果與雅士培沿用而來：存在屬於每一自我所有，爲每一自我所體驗所選擇。每一自我——此有能夠選擇自己而爭取到自己，也能夠失去自己而不再爭取到自己❹，這就是存在一詞最深的含義。海德格深信此有的特點在於它能夠選擇或不選擇自己的可能性，亦卽在於它的存在性；我人如願意對此有有所評述，也應該由存在性做出發點。由存在性做出發點而獲得的此有特徵稱爲「存在性徵」（Existentialia）。海氏的意思是：此有之所以爲此有，在於它的存在，因此唯有存在性徵屬於此有。一般性的特徵則以一般意義的「存在」爲主，亦卽以一件事物呈現在手前爲主；這一意義的特徵，海氏稱之爲「範疇」（Categoriae）。人必須以存在性徵去度量，人以外的一切則應以範疇去度量❺。範疇一詞在西洋哲學中至少可溯源至亞里斯多德，指一些高度普遍化的陳述

---

❸ Martin Heidegger, *Was ist Metaphysik?* Frankfnrt/M. Vittorio Klostermann, 1969^{10}, S. 14.

❹ Martin Heidegger, *Sein und Zeit*, Tübingen: Max Niemeyer, 1957^{8}, S. 12, 42, 43.

❺ 同前，四二——四五頁。

詞。亞氏列出十個範疇，卽實體、質、量、關係、空間、時間、主動、受動、姿勢、裝備。海德格認爲這些範疇之共同點是指陳一件事態是什麼及其有無，亦卽指陳其「現成性」或實在性；而此有之所以成其爲此有的特徵是它的存在性徵。我人對此有的首要問題並非它是什麼及其有無，而是它究竟是誰。因此用範疇來形容此有是不著邊際的，此有的特徵係其存在性徵。

海德格並沒有說以範疇及現成性的觀點討論問題是不必要或不可能的事；下文將會指出，後者就是海氏所云的形上學。海德格祇是系統地自限於存在性徵所帶來的問題，這也正是別人所忽視的思想領域。他也一再強調要思想那尚未思想過的東西。此外，他在「存有與時間」第一編的第三與第五章中，以他特有的手法說明範疇思想由存在性徵衍生而來。凡此一切不可能在這裏說清。這裏我祇願意告訴讀者，由存在性徵做出發點去重新思考是一件非常困難的事，往往和常識的看法有太大的距離。例如一般人總以爲對事物下定義是思考的原始現象；但海德格却說此有對自己的設計才是更原始的現象。此有想到自己的可能性並知道自己要什麼（Worumwillen）時，就是對自己有了設計。譬如此有想到穿衣服的可能性，想要穿衣服，這就是設計。爲了要穿衣服，才會去拿剪刀和針線去製裁衣服。而且又由於要穿衣服這項設計我們才知道剪刀、針、線對衣服的關係，它們是「爲了」（um zu）製衣服，而衣服則是「爲了」我們要穿。因此，在上述的例中，沒有要穿衣服的設計，剪刀、針、線都無從理解。當我們說「這是剪刀」、「這是針」、「這是線」時，我們通常都以爲是做了一個「客觀的」陳述。海德格却告訴我們，這樣的陳述實際上是「此有之詮釋」的衍生物，最後九九歸原應歸根於一項設計。當然，剪刀、針、線可能有別的用處，不僅「爲了」製裁衣服而已。但當你替它們作別的定義時，你又在以其他設計爲陳述基礎。海德格認爲一切陳述最後均歸根於設計，無論是日常生活、科學或哲學的陳述。準此，假使讀者記得範疇是高度普遍化的陳述詞時，就會了解，何以海德格說範疇思想由存在性徵衍生而來：此有的設計正是最重要的一種存在性徵。

根據海德格的說法，每個人的自我稱爲此有，別的人則稱爲「共同此有」；二者均稱爲「此有性的存有者」。此有性的存有者祇能用存在性徵去描述，否則不著邊際。祇有「非此有性存有者」才是範疇思考的對象，而後者的思考形式仍由前者所衍生。

㈡存有學的區別與存有問題

對於哲學界以外人士，甚至對於不熟悉海氏思想的哲學界人士，「存有學的區別」（ontologische Differenz）這一名詞將會非常陌生。然而，這卻是海德格思想的中心問題。從他一九二七年發表「存有與時間」開始，一直到發表「時間與存有」及「哲學的終止」（一九六四）爲止，他再三說西洋哲學祇講存有者（Seiendes）而遺忘了存有（Sein）。存有者與存有之間的區別，就是存有學的區別。

既然說起「存有者」與「存有」這些名詞，讓我在這裏澄清一下譯名問題。

自從樊炳清先生於民國十四年出版「哲學辭典」以來，Ontology 一詞一向就譯爲本體論。這一譯名其實與原文的意思不符，因爲本體與現象相對，而 Ontology 所討論的 τὸ ὄν 卻並不分本體、現象而泛指一切存有者，因此譯爲存有學最爲適當。如果我們一味固執「本體論」的譯名，則「本體論的區別」一詞將無從索解。乘便我們也不妨檢討一下存有者（或存有物）一詞的其他三種通用譯名：「有」、「物」與「實有」。應用這三種譯名的人士似乎至今還不知道「存有者」與「存有」之間的區別，因此用同一名詞兼稱二者。實則無論在希臘文、拉丁文、德文、法文、意大利文中，這二詞均有顯著區別，祇有英文無法區別，不得已祇好用 being 一詞率責。中文既不像英文那樣缺乏彈性，可以把方塊字自由湊合成新名詞，當然沒有理由抹煞原來不同二詞之間的區別。

那末「存有者」與「存有」之間有否實質上的差別呢？在西洋傳統形上學中，這兩個名詞之間原來也有實質上的差別；十三世紀的多瑪斯把存有者（Ens）視爲有限，它祇具備存有或分享存有，無限存有則本質地完美無缺，因此是存有自身（Ipsum Esse）。這一意義的存有是指任何事物藉之而成爲存有者的完美，而存有者則係某項完美的主體或擕有者。以海德格的術語來說，這一意義的存有者或存有都是指實在性、手前性或現成性（Vorhandenheit），因此都是範疇思考的對象。上文曾提及，海德格心目中的存有者包括二種，即此有性及非此有性的存有者。唯獨非此有性存有者才是範疇思考的對象，此有性存有者則應以存在性徵去理解。傳統形上學所云的存有者與存有既是範疇思考的對象，因此都是用非此有性存有者的觀點去觀察一切，都停留在存有者而沒有接觸到存有問題。因爲，根據海德格的想法，存有祇藉此有的澄清始見端倪。

假使對上面這一段話有充分瞭解的話，讀者就會知道海德格所云的存有決非「超時間性之存有」或永恒存有，這些都屬於範疇思考，都是反映存有者的「反映思想」（Vorstellendes Denken）。海德格一再稱這一類型的思想爲形上學，或者乾脆稱爲哲學。海氏認爲這一類型思想屬於人的天性，無法取消，他祇想用存在性徵這條新路走向存有，替形上學打一個根基。但在替形上學打根基時，海德格認爲已超越了形上學，不再在形上學中打轉。他認爲亞里斯多德、康德、黑爾格、馬克思、尼采都在形上學中打滾；現代科技更以可計算的現成性「事實」爲對象，因此可以說是形上學的登峯造極。科技對全球的控制表示出無邊無際的「權力意願」（尼采），使人離開了存有，並使全球頻於毀滅❻。海德格一生念茲在茲的莫過於以沉思型的存有思想去克服形上學。以沉思及存在性徵的角度來看，存有毋寧是此有開顯自己並使其他存有者開顯的各種方式，絕對不可與西洋傳統形上學中的存有概念相混。

---

❻ Martin Heidegger, *Zur Sache des Denkens*, Tübingen: Max Niemeyer, 1969. S. 62-67. Martin Heidegger, *Vorträge und Aufsätze*, Teil I., Pfullingen: Günther Neske, 1967³, S. 64. Martin Heidegger, *Was ist Metaphysik*? S. 21-22.

(三)此有的陷溺與存有的遺忘

在「存有與時間」第一編第二、四、五章中，海德格分析此有的存在情況，指出此有的設計首先表現於對事物的關切和對共同此有——別人的關心。在日常生活中，此有幾乎完全爲他所關心的「人們」(Man)所控制；尤其由於大衆傳播工具的泛濫，每個人都像是失去屬於他自己的自我而消失於「人們」中間，閒言閒語與模稜兩可更成爲人與人之間的「正常」關係，而好奇心又一味促使我們在新奇事物中找消遣。這樣的情況，海德格稱之爲此有的陷溺(Verfallen)。在這一情況之下的自我，實際上祇是「人們自我」(Man-selbst)，亦即人們控制下的自我，而非「屬於自己而存在的自我」。後者必須由前者脫胎換骨而逐漸形成。

此有在日常生活中多半是在陷溺情況中，它幾乎完全生活在他所關心的「人們」和所關切的「世界」之中，而失去了屬於他自己的自我。這時促使人追求屬己自我的竟是一種我人所意想不到的力量，那就是海德格所云的「憂懼」(Angst)。海氏認爲憂懼是一種非常特殊的心境，它使我們感受到整個存有者的世界消失於無形，對我們失去意義，而使我們切身體味到空無。憂懼又使我們發覺自己走向死亡，並把那必然而且隨時會發生的我自己的死亡成爲生活的主要設計。這時我們會發覺，屬於自己的自我無法替代。我們會以設計者的身份走在死亡前面，不受「人們」及「世界」控制而作大無畏的決斷。作這樣的決斷時，我人站在獨特自我的立場，成爲「屬於自己而存在的自我」。

假使陷溺於「人們」及「世界」是此有的封閉及不眞情況，那末憂懼及走在死亡前面所造成的獨特自我的決斷也就是開放與純眞的先決條件。祇有在獨特自我的決斷這一設計情況之下，我人才是開顯了自己，並讓每件事物自由揭示自己。人在上文所云大無畏的決斷之下讓自己及每件事物自由揭示自己的境界，就是海德格所云的眞實或存有的眞。這樣的眞絕不是西洋哲學中一般意義的認知的眞。根據海德格的說法，認知是對世界的關切之衍生物。西洋哲學幾乎一味以認知爲己任，以爲眞卽事物對認知能力的符合，這一態度本身卽係一種陷溺情況。處於陷溺情況的人，注定不可能獲致存有的開顯境界，而祇能侷處一隅。海德格稱這樣的情況爲「存有的遺忘」。上節所云的形上學，海氏卽認爲種因於「存有的遺忘」。如何克服、超越那遺忘存有的形上學思想而更上一層樓，進入那記憶存有的思想（das andenkende Denken），這就是海德格的最重要課題。海氏談起人們對他的成名作「存有與時間」之誤解情形時，曾斬釘截鐵地說「存有的遺忘」是「存有與時間」眞正而唯一的問題。但是由於哲學深深處於陷溺境界，因此「存有的遺忘」這樣的問題無法爲人瞭解❼。

❼ 同前，一八——一九頁。

(四)跑在自己以前的決斷與時間

每次在談到記憶存有的思想時，海德格幾乎一定會提及時間。一如「存有與時間」書名所提示，海德格認爲存有祇能在時間的領域中獲得理解。然而我們必須記起，他所說的時間透過存在性徵才能瞭解，即由每一自我對自己的體驗及選擇才能瞭解。由存在性徵的觀點去談時間，必須完全離開常識的看法；因爲海氏心目中的原始時間是沒有先後的，根本無法計算；有先後可以計算的時間都是存有者，屬於通俗的範疇思想，這樣的時間祇是「現在的連續」。海氏所云的「屬己」時間則祇與獨特自我的決斷發生關係。他對亞里斯多德及柏格森的批評，就是從這一觀點出發。

方才我們提及，海德格的時間並非沒有開始沒有終結的「現在之連續」（anfangs-und endlose Jetzt-folge），而是「到向」「已是」「現在」三個對外動向的統一（Einheit der Ekstasen）。不消說，海氏上面這些話對一般讀者完全不可解，所用的名詞也不是常用的意義。讓我們從體驗與選擇這二個角度去理解海德格上面這些話的意思。

海氏在「存有與時間」六五節中專門討論時間性。我們在上面已經指出，對海氏而言，此有的最原始現象是對自己的設計：無論我們應用一樣器具（海氏的器具幾乎包括人以外的一切事物），或者對事物作科學研究，所有這些經驗都植基於此有對自己的某種設計。此有雖能替自己設計，能夠「跑在自己之前」（Vorlaufen）作斷然決定，但它覺得自己身不由主，本身來自虛無，並爲虛無所籠罩，覺得自己被投擲於此世。海氏因此稱此有爲「被投擲的設計」（geworfener Entwurf）。儘管如此，此有跑在自己之前對自己作斷然決定時，就會發覺當前處境，並與周遭相遇而採取行動。

假使我們能體味到海德格的上述分析，那末對他所云的時間性也就不難進入情況。此有的最原始現象是向前設計，這就是「到向自己」（Auf-sich-zu），因爲設計的最主要點是此有對自己採取方向，對外的行動是後來的事。設計採取新方向的同時，此有才會回到（Zurück auf）被投擲的原來情況；這時它讓自己與周遭相遇（Begegnenlassen von）而斷然作決定。「到向自己」、「回到」、「與周遭相遇」是此有的三個對外動向。我用「對外動向」來譯海氏的Ekstasis，是因爲希臘原詞由Ek及stasis組成，指站在外面或由外面而站，恰好表達了海氏所云的此有三動向。無論如何，海氏這裏絕不是指Ekstasis常用意義的「出神」或「神魂超拔」等情況，則可斷言。

「對外動向的合一即係時間性」，這句話就是瞭解海德格所云時間的樞紐。此有投到採新方向的自己，這是最原始的對外動向（到向）；投到新方向的同時，此有發覺原來「已是」的自己，這是由新方向回到自己原狀的對外動向（已是）；讓自己決然與周遭相遇，這是第三個對外動向（現在）。到向（Zukunft=auf sich zukommen）、已是（Gewesenheit）、現在（Gegenwart）

三個對外動向結合在一起才構成海氏所云的原始時間。我人在作任何決定時，都顯示了這樣的時間性。

讀者請注意，海德格所云的到向、已是、現在三個對外動向絕不等於我人通常所云的未來、過去、現在。以一般意義來說，未來指尙未發生的時間，過去指已經發生不再回來的時間；以海氏的術語來說：這都是以存有物的眼光看時間。「到向」與「已是」却是此有自身對自己的動向：到向所到的是此有自己的新方向，回向所到的也是原來的此有自己。此有讓自己與周遭相遇的對外動向則是現在。通俗意義的時間則完全不顧到這三個動向，那只是一連串的「現在」，像奔流到海的黃河之水一般，一去不回。明乎此，則海德格所云的時間和所謂通俗的時間，其間意義相差實不啻天壤。我個人覺得他最好還是另創一詞更好，以免混淆不清。

三、對現代人及現代哲學的意義

哲學本來是一門「無用之用是為大用」的學問；以膚淺的眼光來看，它所講的內容都飢不可食，寒不可衣。一般的哲學已是如此，海德格思想則往往連哲學界人士也弄不清在搞什麼玩意。有人喜歡他強調的「無」，也有人說他頗像一位禪宗大師，說話像啞謎。也有人被海氏導入歧途，竟以為海氏是位形上學家，卡納普甚至還把他作為靶子來攻擊形上學。

就海氏的中心問題來看，他是對西洋哲學以及西洋哲學所形成的當代科技文化作了一次極準確的診斷，並給了很有效的處方。海德格很贊成尼采的一句話：「哲學是文化的醫生。」海氏從三十六歲盛年一直到八十幾歲一直都在指責西洋哲學遺忘了存有，並替當代科技文化指點出路，這不是很明顯地說明了海氏的意向了嗎？

海德格曾一再指出，科技和原子時代的出生證明書早已在古代希臘哲學中簽發。這句話的意思非常明顯：當代的科技文化和希臘哲學思想的發展有直接的連繫，沒有柏拉圖、亞里斯多德也不會有今日的科技文化。在「對技術的問題」一文中，海德格說技術本身是一種揭示，它揭示出如何發現、改造、貯藏、分佈、應用大自然所隱藏的能源。但這種揭示一經成爲主流，就會把其他方式的揭示可能性趕走，甚至不再讓揭示本身顯示出來❽。一如上文所已指出，海德格主張，唯獨在獨特自我的決斷中，此有才能讓自己和每件事物自由揭示自己，也就是讓存有顯示出來，存有也就是揭示本身。海德格並不反對科技，只反對科技思想宰制一切，這也正是他一再警告的陷溺情況。

西洋哲學由於片面強調理性的認知，所以一方面固然引發了現代科技，另一方面也引起人性爲科技湮沒的危機。這一危機不僅發生於西方，而且已由於科技的傳佈而成爲世界性的問題。我國也不能置身域外。最大的危機在於共產主義想爭取現代化（科技化）而忘記了人的因素。用海

❽ Martin Heidegger, *Vorträge und Aufsätze*, Teil I., S. 16, 26–28.

氏的術語來說，這是只講存有者而遺忘存有的極致。自由中國的生活水準和一般科技遠勝於共產主義統治下的中國大陸。但科技統制一切的危機在我們這裏也有增無已。海德格鑒於西洋哲學的片面發展，頗屬意於以中國爲主的遠東思想。事實上，遠東方面思想的確不曾有過太理性化的趨向，而且處處不忘實際人生，比較更發揮了沉思型的思想。但這一類型的思想也有其缺點，卽不够周密，措詞也往往混淆欠淸。因此，站在中國人的觀點，我認爲海德格所責斥的理性思想，正是我們所缺乏的東西。我們大可不必因爲海氏要想和遠東思想交談而自鳴得意，忘記了我們也需要適可地向西方學習的事實。另一方面，控制一切的科技文化在西方已造成社會及個人的危機，尤其是道德生活的危機。此外陷溺於「人們」及外在世界的情況，中國人本來一向有之，某些方面甚至駕西方而上之。五四運動以來一面倒向西方的理性主義及科技文化，更造成今日崇洋崇拜實證主義、及科學主義的情況。這正是海氏所申斥的「存有的遺忘」。因此，海氏的存有問題正擊中現代中國人的要害，也是促使我們重估固有文化的暮鼓晨鐘。

存有思想就是一種超脫、全面開顯及對自已負責的人生及思想，它使人不陷溺於外在世界及世俗的見地，而讓人自由地眞誠地面對事實面對人生。存有思想因此不限於人生觀及宗教信念，却是個人修養及純正的宗敎信仰所必具的先決條件。不僅如此，它對不偏不倚的學術研究也非常重要。存有思想因此係現代世界所亟需，它在今日絕不祇是西方所特有的問題。

對於哲學界同事而言，海德格繼承於士來馬赫（F. E. D. Schleiermacher）及狄爾泰（W.

Dilthey）而作進一步發展的詮釋學（Hermeneutik）最值得我們注意。「存有與時間」三二及三三節指出詮釋是設計與理解的一部份，而陳述則由詮釋而來；因此任何詮釋與陳述活動逃不出此有的存在結構及其「成有、成見、成觀」（Vorhabe, Vorsicht, Vorgriff）的主觀條件。另一方面，海氏又要人注意，不讓偶然的興之所至及通俗想法來決定我們的「成有、成見、成觀」，而要讓事物本身來決定。一如高達美（H. G. Gadamer）所指出，這裏海德格點出了理解與詮釋的歷史性（即對歷史情況的從屬性）及糾正自己的方法⑨。不僅上述二節，「存有與時間」六三節也專門討論詮釋學問題。目下西歐詮釋學巨子如高達美與呂格爾（Paul Ricoeur）等莫不承認海德格這方面的貢獻。高達美尤其直接繼承了海德格的觀點。

⑨ Hans-Georg Gadamer, *Truth and Method*, London: *Sheed & Ward*, 1975, pp. 235-274.

陸　沙特的生平與著作

一、緒言

儘管在他的故鄉法國，沙特的地位早已因他一面倒向馬克思主義而動搖，最近數年更因結構主義（Structuralism）的興起而失去他的「時髦」性，但他所建立的思想體系確已成一家言，在哲學史中將有他的一席之地；他由切膚的空無經驗做出發點，利用哲學著作、利用小說、利用戲劇，揭示出人生是如何受到意識所造成的空無所影響、所支配，這就是他的最大貢獻。然而，正如沙特所云，空無必須依附存有，本身是不能獨立的：以沙特本人而言，以前他的空無為寫作和冥思所塡滿，最近，他的空無則似乎已爲馬克思的唯物主義歷史觀所塡滿。

在我國，大約由於美國的影響，沙特已成爲存在主義的寵兒，也有人把他當作存在思想的標準尺度和發言人。尤其自從一九六四年底沙特拒絕接受諾貝爾文藝獎金以後，他更被另眼相待，幾乎成爲傳奇人物。沙特的成就却也並非徼倖所致。一般哲學家的文字大多枯燥乏味，而文藝作家的思想性則往往不够。沙特兼有哲學家和文藝作家的頭腦，能够寫出「存有與空無」那樣抽象的哲家著作，又能寫出轟動一時的劇本和小說。他的哲學著作抽象中帶著濃厚的文藝氣息，祇可惜有些拖泥帶水，冗長得使人討厭；小說中也不時會夾著一些沈重的哲學思考。歸根結底，沙特骨子裏還是一位哲學家，一位能够用不同方法發揮思想而且影響他人的哲學家。

要澈底瞭解一位哲學家思想，最好的途徑莫過於從他的生活經驗著手，這樣才不會把他的思想硬化成一套死公式。最顯著的例子是齊克果和尼采：這兩人都是把他們自己的生活體驗普遍化，而形成哲學思想。沙特的思想，比起齊克果和尼采來，雖然顯得更冷靜而有系統；但離開他的生活經驗，還是不容易理解。譬如他的代表作「存有與空無」，粗看去似乎虛無縹渺，玄妙得有些像佛經中「色卽空空卽色」的味道；其實却也有生活體驗作後盾。

沙特曾寫過一本類似自傳的書❶，內容多半限於他的幼年時代。研究存在主義的學者雖都對他的生平作一簡介，但均語焉不詳。本書一方面引用沙特「自傳」中的資料，同時參照他的其他著作，以及旁人對他的描寫，希望從不同角度去瞭解。我們將先簡單地敍述沙特的行狀和重要著

---

❶ Jean-Paul Sartre: *The Words*, Fawcett, New York 1966. 中文譯本：沙特自傳，臺北市志文出版社，民國五十七年七月。

作，以後再分別觀察下列各點：沙特的親屬與他的幼年時代，他對空無的經驗，最後提及幾位與沙特交往較密的人物。

二、行狀和重要著作

沙特行狀　沙特（Jean-Paul Sartre）在一九〇五年六月廿一日生於巴黎。二年後，父親逝世，母親就投奔到亞爾薩斯的娘家。沙特的幼年既在那裏渡過，因此他同時精通法、德二國語言。一九一六年，母親重婚。一九二四至一九二八年，在師範專科學院攻讀哲學。一九二九年，經國家考試獲得在高中或大學任教的資格（agrégation）。同年十月底至次年一月底服兵役以後，沙氏被任命爲雷哈佛爾（Le Havre）的哲學教授，那裏他執教至一九三三年。一九三三至一九三四年，沙特獲得柏林的法國研究社（Institut Français）資助，在德國研究胡塞爾（E. Husserl）和海德格的哲學。回國後，先後在雷哈佛爾、拉翁（Laon）、巴黎等地教書至一九三九年。那年第二次世界大戰爆發，沙特被征從軍。翌年六月間，爲德軍所俘，而於一九四一年四月被釋。這以後他又重新教哲學，直至一九四五年「無限期」請假爲止。一九四六年他創立「現時代」（Les Temps Modernes）雜誌，自任社長直至如今。其間，沙特曾赴美國、非洲、冰島、斯堪狄那維亞、蘇聯、中國大陸各地旅行，而其思想也日漸左傾。一九六四年終，沙氏曾獲諾貝爾文學獎的通知，但拒絕接受❷。

哲學著作　一九三六年，沙特發表「想像」(L'Imagination)，同年，「哲學研究」雜誌刊登了他的「自我的超越」(La transcendance de l'Ego)。一九三九年，發表「情緒理論簡述」(Esquisse d'une théorie des émotions)，翌年又發表「想像之物——想像的現象心理學」(L'Imaginaire, Psychologie phénoménologique de l'imagination)❸。上面這四種哲學著作，都是沙特從德國居留（一九三三——三四）歸來至二次大戰從軍為止這段時期執筆的，比較更受胡塞爾的影響。

一九四一年從德國集中營歸巴黎以後，沙特一面教書，一面全力著作，他的巨著「存有與空無」(L'Être et le Néant) 遂於一九四三年問世，共七百二十二頁，每頁四十五行，可以說是洋洋大觀。此書除受胡塞爾影響以外，同時更發揮海德格的許多主題而自成一家言，奠定了法國式的存在主義體系。由於左右兩方面對他的攻擊，沙特於一九四六年發表了他的一篇演講辭，以「存在主義是一種人文主義」(L'Existentialisme est un humanisme) 為題。

那一年，沙特與梅爾洛邦底 (M. Merleau-Ponty) 及西蒙·德鮑娃(Simone de Beauvoir)

---

❷ Francis Jeanson: *Sartre par lui.-même*, Seuil, Paris 1966, p. 189; J.P. Sartre: *The Psychology of Imagination*, Washington Square Press, New York 1966, pp. 260-1.

❸ Francis Jeanson: *Sartre par lui-même*, pp. 190-1.

女士一起創辦「現時代」雜誌。「現時代」雜誌大約一方面想宣揚存在主義所標榜的自由，另一方面又想使存在主義與社會主義協調。無論如何，這本雜誌就像當時的沙特本人一般，一開始就有些左傾。幾年以後，「現時代」的左傾程度已經表現得太露骨，造成了沙特與卡繆及梅爾洛邦底於一九五二年的決裂❹。以後幾年中，沙特似乎曾致力研讀馬克思的著作，一九六〇年出版的「辯證理性批判」(Critique de la raison dialectique) 卽其研讀成績。這本字體頗小而長達七百五十五頁的巨著，居然還祇是上册而已。沙特在這本書中，已公然承認「歷史唯物論供給了唯一立得住足的歷史解釋」；但他同時主張「存在主義依舊是唯一應付實際的具體步驟」。由於沙特已無條件接受歷史唯物論，他現在已不是純粹的存在主義者，而是存在主義者兼馬克思主義者。沙特今後的最大希望，莫過於使存在主義成爲馬克思主義的一部份，甚至完全消失於馬克思主義中❺。基於沙特晚年的表現，他對馬克思主義的態度似乎並沒有作巨大變動。

文藝及其他著作　沙氏的文藝作品也都與他的存在主義思想形影相隨，是哲學思想的形體化。沙特式的存在主義之所以具吸引力，這大約也是因素之一。祇擇要臚陳如下：

一九三七年，短篇小說「牆」(Le mur)，描寫行將槍決前的恐怖。這一短篇小說已經譯成中文❻。

❹ J.P. Sartre: *Situations*, *Fawcett*, New York 1966, pp. 54-78, 256-226.
❺ J.P. Sartre: *Search For a Method*, Knopf, New York 1963, pp. 21, 181.
❻ 周伯乃選輯：存在主義小說選集，臺北市亞洲出版社臺灣分社，民國五十七年八月，一四三——一六八頁

一九三八年，長篇小說「嘔心」：主人翁羅剛旦（Roquentin）以日記方式記述自己在一小鎮中的生活，覺得自己空虛、煩悶，毫無存在意義，對自己感到嘔心。「一切已經消逝。我的過去祇不過是個很大的洞」❼。「嘔心」這部小說曾受德國詩人里爾克（Rainer M. Rilke 1875-1926）的作品「瑪爾特手記」所影響❽，其悲觀厭世的氣氛極深。許多人相信沙特是虛無主義者，大約即種因於此。

一九四三年，三幕劇「蒼蠅」（Les Mouches），主張人類絕對自由，不受任何更高權威——即使是神的權威——所限制。這一劇本已譯成中文，編入「沙特論」中❾。

同年問世的有以「自由之途」（Le chemins de la liberté）爲總稱的三部小說，即「理性的年齡」（L'âge de raison）與「延遲」（Le sursis），其中尤以「理性的年齡」爲最有名（第三部以「自由之途」爲總名的小說，出版於一九四九年，即「死亡在靈魂中」La mort dans l'âme）。這部長達四百四十一頁的小說，以具體故事表達出「存有與空無」對自由的見解，即自由從空無而來，最後所給人的還是一個空無。自由並不是一種恩施，而是一項負擔；但人又必須勇敢接受這項負擔，創造自己的價值。小說的主人翁瑪底歐（Mathieu），是一位高中教員，

❼ J.P. Sartre: *La nausée (roman)*, Gallimard, Paris 1938, pp. 86, 143, 161.

❽ Walter Kaufmann: *Existentialism From Dostoevsky to Sartre*, World, Cleveland. 1962. p. 113.

❾ 劉載福編輯：沙特論，臺中市普天出版社，民國五十七年七月，一三九——二四一頁。

出生在一九〇五年，顯然影射沙特自己。他的情婦馬塞耳（Marcelle）有了孕，瑪底歐叫她到猶太婦產科醫師處去墮胎，但費盡心計借不到錢。最後在一歌女處偸了五千法郎交給馬塞耳，反被她拒絕而逐出門外，因爲她心底裏喜歡孩子，不喜歡墮胎。瑪底歐與馬塞耳都不願結婚，因爲他們以爲婚姻是奴役，而他們要保持自由。瑪底歐的最高理想是自由，作自己的原因。然而最後又一切落空：馬塞耳終於投向同性戀者達尼爾（Daniel）懷中，另一女孩子依維雪（Ivich）也離瑪底歐而去⑩。

一九四三年是沙特的豐收年：數年的耕耘，使他一下子發表了哲學性的代表作和二部小說。除去已提到的三幕劇「蒼蠅」以外，那年還出版了名噪一時的「閉著的門」獨幕劇(Huis clos)，描寫一個殺害嬰孩的女人、一個同性戀女人和一個賣國賊，三個人永遠關在一間房內。這樣一起生活，簡直可以說是地獄；因此沙特說：「他人就是地獄」（L'enfer c'est les autres）⑪。

一九四六年，「恭順的妓女」劇本，描寫美國白人對黑人的不公平和專橫，誣告黑人殺人；一個名叫麗姬（Lizzie）的妓女雖然明知黑人並未殺人，却不敢違抗其他有權勢的白人⑫。

一九四七，「波德賴」，專門評論這位與沙特有許多相同點的十九世紀法國詩人。波氏六歲

⑩ J.P. Sartre: *L'âge de raison*, Gallimard, Paris 1945.

⑪ Francis Jeanson: *Sartre par lui-même*, Seuil, Paris 1966, pp. 29-35.

⑫ J.P. Sartre: *La putain respectueuse*, Nagel, Paris 1946.

喪父。他崇拜、迷戀著母親；以後他在致母親的一封信中說：「妳只屬於我一個人，妳同時是偶像和朋友。」但好景不常，他的母親不甘寂寞，重婚後，把他送入寄宿學校，使他受到極深的打擊，終其一生他都無法恢復平靜的心境。以後他從事寫作，格外喜歐描寫黑暗、罪惡、煩悶、絕望，更以酒和女人消愁，結果死於梅毒。沙特認爲波德賴「一開始就替自己做了選擇」，「他選擇爲自己而存在，……他要自己的自由」⓭。波德賴簡直可以說是沙特式存在主義理想的具體化。

一九五二年，「聖熱內，演員與殉道者」，是一本專門介紹約翰・熱內(Jean Genet, 1910–1986) 著作的書，作爲「熱內全集」第一册。約翰・熱內是被他生身之母丢掉的私生子，一生都在墮落、教養院與監獄中度過。一九四〇至一九四二年間，他利用親身經歷過的事寫成了第一册小說。七年以後，戈多 (Jean Cocteau，法國作家、電影導演兼畫家)、畢加索與沙特三人聯名請求當時的法國總統奧里耀 (Auriol)，本著人道主義釋放熱內出獄。沙特對熱內的著作極感興趣，竟替他寫了厚厚的一册介紹。恰巧曾經有一位當過演員以後成爲殉道者的聖人熱內，沙特就以之命名⓮。

一九六〇年，「亞爾多那的被扣押者們」五幕劇，敍述一個德國軍官，自以爲德國人二次大

⓭ J.P. Sartre: *Baudelaire*, New Directions, New York 1967, pp. 16, 17, 191.
⓮ J.P. Sartre: *Saint Genet*, Actor and Martyr, New American Library, New York 1963.

戰後始終被抑制不能抬頭，因此寧願渡監禁生活，不願接受德國經濟繁榮的事實⑮。

從一九四七年開始，沙特把他的雜文湊在一起，稱爲「各種處境」（Situations）。一九四七年出第一集，一九四八、一九四九年出第二、第三集，一九六四年一下子出版了第四、第五、第六三集，一九六五年第七集，截至一九七一年爲止，一共出了九集。

沙特對政治問題也時有論述。譬如一九四六年他出版了「對猶太問題的反省」（Réflexions sur la question juive）一書，攻擊當時法國的反猶太人浪潮。但他同時也勸猶太人不要逃避猶太人的身份，反而要主動選擇這一困難的處境，承認自己的特殊處境⑯。

此外，沙特在一九六四年出版了一册回憶童年時代的書，標題爲「言語」（Les Mots 英譯本：The Words）。這一標題雖令人撲朔迷離，莫測高深，那本書却對沙特童年提供了許多珍貴的第一手資料。此書也已經譯爲中文，祇可惜譯文錯誤極多，且任意删削，很不可靠。

一九七一年，沙特一下子出版了論法國小說家古斯道夫・福樓拜爾（Gustave Flaubert, 1821-1880)的上下二巨册，共二一三六頁，書名爲「家庭中的白癡」（L'Idiot de la Famille）。此書尚未完成，第三册將以福樓拜爾做出發點，討論十九世紀中葉的小說及藝術家之間的社交關

⑮ J.P. Sartre: *Lee séquestrés d'Altona* (*Piéce en cinq actes*), Gallimard, Paris 1960, pp. 109-110.

⑯ J.P. Sartre: *Anti-Semite and Jew*, Schocken Books, New York 1967, pp. 136-7.

係。此項著作計畫早已於「存有與空無」（一九四三年）中言及。一九六六年，沙特在「新時代」雜誌中發表了其中二章。沙氏巨著祇敍述到福樓拜爾發表其名著包法利夫人（Madame Bovary）爲止。福氏的父親——露昂（Rouen）的一位醫學教授——在沙特書中却佔了三百頁的地位。「家庭中的白癡」這一書名，大約是因爲據傳說福樓拜爾幼年在學校中成績極不理想。

沙特晚年頗與極左的毛派搞在一起，他在一九八〇年離開人世。

三、沙特的親屬與幼年時代

無論是從父親或從母親一邊，智能方面沙特都稟受了豐厚的遺傳因素。沙氏的祖父是位醫生。外祖父查禮・史懷哲則是一位德文教師，其弟路易斯牧師之子，卽舉世聞名的史懷哲博士⑰，他一身兼音樂家、神學家、哲學家，而獻身於非洲的醫務事業。沙特有這樣的天才當遠親，運氣可以說已經不錯。祇可惜他的祖父和外祖父母的性格似乎有些古怪，可能使沙特也蒙受了先天的缺陷。他的祖父跟一位富有地主的女兒結婚，原指望可以成爲巨富。不料，結婚以後的一天才發覺岳父不名一文，於是他遷怒於太太，四十年之間竟沒有和她說過一句話，而只用手勢表達意思。他的太太由失望而消沉，終至稱他爲「我的房客」⑱。試想，和朝夕共處而且還替他生了

---

⑰ J.P. Sartre: *The Words*, p. 5.

⑱ 同書，九頁。

二男一女的太太始終噤若寒蟬，豈非不可思議？最起碼可以說他性格有些不正常。沙特的外祖父大約有些自私，他的自私在蜜月旅行時表顯無遺。沙特的外祖母直到七十歲還喋喋不休地敍述當時的情形，可見其印象之深：他們剛舉行婚禮，就踏上旅途；在鐵路餐廳中，他們倆一起吃一盆韮菜沙拉：「白的他都拿了，而把綠的留下給我」。然而，沙特外祖母的脾氣，似乎比她的丈夫更乖張，她只關心自己一個人，成天躺在床上或睡椅裏。她最喜歡講消極性的故事，對任何一切都喜歡作消極的判斷，沙特甚至稱她爲「純粹的否定」。這一對老夫妻倒也生了四個孩子：一個夭折的女孩、兩個男孩，最後一個女孩就是沙特的母親。兩個男孩之中的一個愛彌爾，孤獨得發狂而死，死後在枕頭下面發現一把手槍，箱子裏有一百雙破襪和二十雙破皮鞋[19]。這一切都表示，沙特無論從父親和母親一邊，性情方面可能已稟受了一些缺陷。

除去遺傳以外，沙特幼時的環境也頗足以造成孤僻和否定一切的態度。依據沙特的敍述，他的父親先佔有了沙特的母親，不得已與她結婚，很快就生下了孩子。因此，父母間本來就沒有很深的認識和感情，幾乎是一對陌生人[20]。父親因病逝世後，母親迫不得已回娘家居住，重新度起像未成年女子一般的刻板生涯。外祖父母根本不給她零用錢；晚上外出也必須於十時回家。在這種與母親相倚爲命的情形之下，沙特很可能自幼就對外祖父母產生反抗的心情。這種反抗情緒在

---

⑲ 同書，六——八頁。

⑳ 同書，九頁。

五十年以後執筆的「言語」中仍灼然可見。他雖自詡沒有佛洛依德所云的「超我」（super-ego，即父親所造成的權威意識），但幼年時和他一起生活的外祖父，已綽綽有餘地代替了父親㉑。不管是父親或外祖父所造成的「超我」或權威意識，其爲權威意識則一，所造成的反抗心情也並無二致。此外，幼年的沙特，除去因同情母親而對外祖母起反感以外，很可能也會受到外祖母貫徹到底的否定態度所感染。

沙特的母親回娘家定居的另一後果，是使她和沙特二人感覺到自己是多餘的「食客」。這件事似乎曾使沙特沾上很深的自卑感。沙特在外祖父家裏感到自己是多餘，母親重婚後，他在繼父家裏同樣地有多餘而不重要之感。這也許就是他以後再三強調成爲「自己的原因」（causa sui）和強調自由的心理因素吧。

史懷哲一家都是高頭大馬，而沙特一家，和史家比起來簡直可以說是侏儒。沙氏的母親雖是「女巨人」，但沙特却保持他家族的矮小本色。很奇怪，幼時他竟因矮小而找不到玩耍的同伴，沒有人要和他一起玩。他的母親再三設法替他找遊伴，但終歸於失敗。沙特自認那時很氣憤，用夢想來補償，想像中他殺死近百的侍從㉒。沙特如果生活在父親家裏，可能他會感到自己的身材很標準；但在史懷哲那一家中，就極易造成自卑感。沙特的自述，足徵他那時受到很大的折磨。

㉑ 同書，一〇——一六頁。

㉒ 同書，八四——八五頁。

沙特一生喜歡反抗，幼時的自卑感大約應負很大的責任。

幼時寄居外祖父家裏的另一後果，是使沙特失去宗敎信仰。據他自述，他之所以失去宗敎信仰，是法國由伏而太開始的反基督動向的後果。到了十九世紀，基督信仰在法國和歐洲許多其他地區，往往已僅存外形而無實際。「亞爾多那之被扣押者們」劇本，也充份表現出這一趨勢㉓。沙特的外祖父是劇烈反對天主敎的新敎徒，但却娶了一個信天主敎的太太，這件事之所以會發生，沙特認爲是由於他們二人對宗敎根本就不關心㉔。沙特幼時曾接受天主敎洗禮和宗敎敎育，他並且承認自己一度曾有過信仰。他之所以漸漸失去信仰，並不由於敎義的衝突，而是由於外祖父母無可無不可的態度所致（中文譯本竟把 my grandparent's indifference 誤譯成「外祖父母間之不同」。請參考「沙特自傳」六七——六九頁）。

沙特坦白承認自己一度曾患精神病。他的作品似乎也表顯出，他對某些事物有一種令人不解的恐怖，譬如他很怕洞㉕，「嘔心」「存有與空無」中再三再四提起洞，可能和幼時的經驗有關：一方面他怕洞，另一方面他對洞又格外感到興趣。沙特對觀看（regard）這一動作所表示的興趣也令人尋味：一位美國心理分析家指出，沙氏著作提起觀看或意義相同的字達七千次之

㉓ J.P. Sartre, *Les séquestrés d'Altona*. p. 19.
㉔ J.P. Sartre, *The Words*, pp. 61-63.
㉕ 同書，五九——六一頁。

多[26]。最奇怪的是他怕膠狀體（visqueux）：他似乎怕自己會溶化在膠狀體中[27]。因此，剛才提到的那位心理分析家認定，沙特幼時曾有過嚴重的心理創傷；他之所以從事寫作，就是要醫治幼時的心理創傷。換句話說，內在的需要逼著沙特寫作，否則他就會成爲瘋子。這項解釋可能有些過火。但沙特幼時一度曾遭受某種精神上的困擾，則似係事實。

四、沙特的空無經驗

上面我們已經提到，無論是在哲學著作或文藝著作中，沙特都喜歡談論空無(rien, néant)，他的代表作「存有與空無」的重點，其實就是空無：空無是「爲己存有」——人的特色。「在己存有」內部祇有肯定，不能產生空無。「爲己存有」因爲有意識，所以纔有空無。對自己的過去採取距離，使「已是」的一切消失在空無中，而向著空無的未來設計，就是沙特所說的自由。在文藝作品中，沙特所表顯的情調多半是灰色的、消極的、空虛的。因爲在沙特心目中，「自由就是人把自己的過去擱在一邊，而分泌出自己的空無」[28]。

---

[26] Francis Jeanson: *Sartre par lui-même*, pp. 5–6.

[27] J.P. Sartre: *L'être et le néant*, Gallimard, Paris 1943, pp. 695–704. 聽說此書已譯成中文，可惜至今尚未見到。

[28] 同書，六五頁。

沙特對空無這種說法，初看去雖似乎有些玄妙，其實都可以歸結到生活經驗。沙氏一向喜歡心理學，他從一九三六至一九四〇年所發表的四種哲學著作，和心理學的關係都非常密切。沙特習於應用完型心理學（Gestalt-psychology）中的形象與背景（figure and ground）二個觀念，用以解釋意識造成空無的過程。什麼叫做形象與背景呢？我人對外界事物的認識，一般心理學家分爲三種程序，即感覺、知覺、思想。感覺祇是對外界的刺激發生反應，尚未進入意識領域；知覺意識到感覺所供應的資料，並且透過以往經驗，對這些資料賦以意義；思想則更進一步，把過

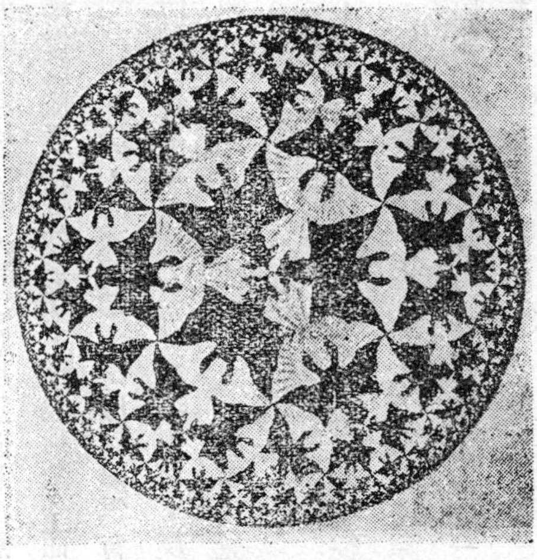

去經驗所留下的符號和觀念加以比較和運用。在形成知覺過程中，我人可以應用意向和注意力，對感覺所供應的材料作一選擇：注意到某一部份，這部份就成爲知覺的對象，稱爲形象；而未注意到的其他部份就稱爲背景。反之，如果注意力集中到其他部份，原來的形象可以轉變爲背景，而原來的背景也可轉變爲形象。例如上圖中的白色部份如作爲形象，我人知覺到一隻杯；反之，卽知覺到二個人頭的側影。下圖中把白色部份作爲形象，可以知覺到天使；反之，卽可知覺到魔鬼㉙。

形象與背景兩個觀念，更好說形象與背景的經驗，可以說是理解沙特思想的樞紐。不從這裏做出發點，沙特的空無就會變成黑格爾式的抽象觀念，他的全套理論，也就都成爲不著邊際。

在「想像之物」（一九四〇年）的結論中，沙特已說起，想像行爲可以用注意力造成一個形象，同時又孤立它、消滅它（at once constituting, isolating, annihilating）。那裏所舉「阿拉伯式花紋」的例子，解釋起來比較費事㉚，還是用「存有與空無」中咖啡館的例子吧。

當我進入咖啡館去找彼得時，我心目中已有彼得的形象，我等候彼得形象的出現，而彼得不

㉙ Floyd L. Ruch: *Psychology and Life*, 7th edition, Scott, Foresman and Co., Glenview, Ill. 1967, 300-4.

㉚ Martin Heidegger: *Was ist Metaphysik*? Ffm. 1949, S. 28ff.
Martin Heidegger: *Sein und Zeit*, Max Niemeyer, Halle a.d.S. 1929, S. 263-6; 請參考本書第四章。
Werner Marx: *Heidegger und die Tradition*, Kohlhammer, Stuttgart 1961, S. 114-191.

在這裏。這「不在的」彼得形象，使整個咖啡館成爲背景，一切都從固有的形象消失到混然無形的背景中，這就是意識所造成的第一種空無化（néantisation première de toutes les formes）。我如果找到了彼得，那末空無化的背景中總算出現了「堅實的因素」。反之，如果彼得不出現，這時他的不在成爲第二種空無化：形象又以空無姿態滑在背景的表面上（c'est la forme-néant qui glisse comme un rien à la surface du fond），空無化的背景又加上了空無化的形象。無論是背景或形象的空無，很明顯地都起因於我的意識。如果我開始時不尋找彼得，咖啡館的形形色色就不會消失在混沌的背景中，而彼得的不在也不會使我失望。是我的意識替原來很充實的世界帶來了空無㉛。

「空無造成空無」（Nichts nichtet），這原是海德格的一句話，原來的意思是：死亡所促成的愁慮，使我人不再陷溺於現實世界，而視整個世界如浮雲如虛無，這樣成爲本然的自我㉜。這句話出在沙特口中時已完全變質。沙特認爲人之所以爲人在於他的意識，而意識卽以造成空無（néanitsation）爲能事，自由也因意識所造成的空無而形成。爲了對未來的憧憬，人的意識使過去一切消失在背景中，成爲空無；結果，所等候的形象又往往是一場空。未來旣未成事實，而且未必成爲事實，所以是空無。憧憬於未來，就是把空無的未來當形象。這意識所造成之空無的

㉛ J.P. Sartre: *The Psychology of Imagination*, p. 236.

㉜ J.P. Sartre: *L'être et le néant*, pp. 44-45.

未來，遂使過去成爲空無，並使人因希望不克兌現（第二次空無化）而失望。然而人又不能不向著空無的未來「設計」。因未來而否定過去，沙特稱之爲自由。

爲了闡釋他對空無與自由的見解，沙特寫了厚厚一大册令人望之却步的「存有與空無」，並美其名曰「現象學存有論的嘗試」（Essai d'ontologie phénoménologique），其實他的推理並不認眞。眞正的貢獻，是他對空無經驗的描寫入微。「理性的年齡」中所描寫的瑪底歐，就是空無經驗的寫照：瑪底歐想要他的情婦馬塞耳墮胎，這已計畫但終於失敗的墮胎，弄得他東奔西跑，告貸無門。迫不得已，他竟去歌女羅拉處偸竊了五千法郎。然而結局是什麼呢？馬塞耳竟一怒之下與他決絕。那計劃中的墮胎就是意識所造成的禍根，它本身是空無，毁滅了他和馬塞耳之間過去的和諧，結果計劃本身還是落空。

沙特所描寫「空無空無化」的經驗，實在非常突出。是的，這一經驗與人類同其永久，但從來沒有人說得這麼透澈過。每個人自己也會體味到：當我們把注意力集中於一件已失去的東西、或想要得到的事物，這時意識所造成的空無，就會把其他一切空無化，使我們寢食不安。然而，意識的空無化作用，却也並不祇有其消極的一面。其實，我人把注意力集中於任何事物的時候，這時其他一切暫時就被「空無化」，我們祇看到、聽到、處理一件事，對其餘一切視之不見、聽之不聞。沒有這樣的「空無化」能力、看書、寫文、做事、甚至吃飯都不可能。所謂「虛心受教」，也就是把自己的見解「空無化」，擱在一邊，接受別人的見解。因此，空無化很有它的積極意義。海德格說這句話時的原來意義也是積極的。何以沙特所云的空無和空無化，幾乎就祇有消極意義呢？這大約就繫於沙特的心理狀態了。不管是什麼原因，沙特筆下的向未來「計畫」，似乎祇能使人不安於現實，使現實顯得「不可忍受」㉝。上節所云沙特的家庭和幼年情況，可能是造成沙特這項態度的理由之一。他的那位號稱「純粹否定」的外祖母，是否已在稚年的沙特心靈中深深種下了否定的種籽呢？他的自卑感大約也應負一部責任。總之，對沙特個人而言，他所說「空無使存有中魔」(néant hante l'être) 這句話㉞，可能是他自己的經驗談。

五、沙特的幾位密友

這篇文字的主旨，是儘可能從各方面對沙特的為人獲得瞭解，以後再介紹他的思想。因此，我們不妨來談一談他的幾位密友。

西蒙・德鮑娃　名義上，她並非沙特的妻子。但大家都一致承認，她是沙特的女伴；她自己在一九六三年稱她和沙特三十餘年的關係為「久長合夥」(le long jumelage)。她於一九〇八年生於巴黎，肄業於天主教大學 (l'institut catholique)、巴黎大學及師範學院。一九二九年，經國家考試獲得高中任教資格後，與沙特相遇。他們二人之間的「久長合夥」也就從那年開始。

㉝ 同書，五一〇頁。
㉞ 同書，五二一頁。

德鮑娃女士在「年齡的力量」一書（La Force de l'âge, Gallimard, Paris 1963）中敍述如下：「沙特沒有一夫一妻制的傾向；他喜歡和女人們一起，他覺得女人們比較不像男人們那樣滑稽；他沒有意思在廿三歲時就永遠捨棄她們富勾引力的多彩多姿。」然而沙特和德鮑娃二人心意完全相投。於是他們二人締結了兩年的約，契約內容有二點：第一，兩年以內，他們二人同居共處，儘可能密切結合，以後各走各的路；分離一段時期以後再一起生活。第二，二人間有話必談無所隱瞞。但當德女士要去瑪賽教書前夕，他們修改了二年的約；他們可以短期分離，但期間不可過長；他們不曾宣誓忠貞至死，但把「散夥」的期間移至三十年以後。實際上，直至一九六三年，他們倆的「合夥」關係還維持著；到現在也不曾聽到他們「散夥」的消息。

德鮑娃女士覺得她一生與沙特的關係是成功的；三十餘年以後，他們彼此之間的談話還是富有趣味；唯一能中斷這關係的是一項不幸：「或者我見到沙特死去，或者我先他而死。」這樣的關係與夫妻關係實在已相差無幾了。

既然如此，爲什麼不索性正式結婚了事？他們之所以不正式結婚，是出於一項共同的信念：他們深怕結婚後會習慣成自然，而不再有相愛的實質，或者恩斷情絕以後還被迫廝守在一起。曾有一度，德女士怕沙特離開而焦急不安，沙特表示願意結婚，可是德女士並未接受這個建議。

究竟德女士是否對「合夥」關係絕對滿足呢？我們從德女士的筆下，知道沙特曾和好些女人有過超友誼關係，她並且直認不諱自己曾因此陷入嫉妒。當然，這不會是件愉快的事。

另一方面，他們兩人都酷愛寫作，並且共同創立了「現時代」雜誌。德女士本人的著作之多也頗驚人，共約二十本，多半是小說㉟。像沙特一樣，德鮑娃女士思想也有些左傾。他們倆曾連袂去中國大陸觀光，回法後，德女士寫了爲中共宣傳的「長征」一書。

德女士逝世於一九八六年四月間。

梅爾洛邦底　沙特和梅爾洛邦底二人在師範學院求學時已經認識，但沒有特殊友誼。服兵役時，沙特祇當一個普通兵，梅氏則成爲副官。二次大戰時，法國爲德國佔領時，二人於一九四一年加入了一個以抵抗德國人相號召的知識份子集團；他們二人同屬於「社會主義與自由」小組。哲學方面二人都對胡塞爾和海德格感到興趣。他們間的友誼遂日漸密切。

一九四三年，他們一起計劃出「現時代」雜誌。一九四六年，這計劃終於實現。梅爾洛邦底任「現時代」的總編輯和政治編輯，沙特則自任社長。梅氏的政治主張如下：儘可能靠近共產黨，但絕不與它完全一致。西方與蘇聯二者衝突時，則寧捨西方而贊成蘇聯，因爲他認爲，反對蘇聯卽等於淡忘西方的殖民地主義。另一方面，他反對蘇聯的集權統治。沙氏對此的態度似乎也大同小異。但慢慢地，沙氏逐漸靠向左邊，梅氏則始終討厭流血戰爭。一九五〇年韓戰開始時，梅氏不願「現時代」有所評論，沙氏則堅持支持共方。一九五二年，沙特決定要在「現時代」中

㉟ Francis Jeanson: *Simone de Beauvoir ou l'entreprise de vivre*, Seuil, Paris 1966, pp. 171-7, 299-300.

刋出「論資本主義的矛盾」一文。這篇文字的作者自稱並非共產黨員，他的思想則徹頭徹尾是黨員的思想。正在那期雜誌付印以前，沙特剛有事離開巴黎。梅氏以總編輯資格，在那篇前面寫了一些「編者識」，對那篇文字作者的不公正態度向讀者表示歉意，並指出作者半個字也沒有提到社會主義的矛盾。沙特回巴黎時，恰好看到校樣，一怒之下，立刻把「編者識」一筆勾消。數天後，梅氏收到最後一次的校樣，立刻打電話給沙特，辭去「現時代」的職務。那一次電話竟達兩小時之久：二人彼此責備對方濫用職權。隨著電話的終止，二人間的友誼也告終止。梅氏死後，沙特在「現時代」一九六一年十月份中寫了一篇長文表示追悼，說他與梅氏之間的友誼，將是他內心深處的「永久不收口的傷」[36]。

卡繆　沙特和卡繆二人的友誼起因於沙特於一九四三年對「異鄉人」的絕口贊揚[37]。的確，「異鄉人」所表現的空虛感和荒謬感，非常適合沙特的胃口。翌年，沙特的「蒼蠅」在巴黎上演，預演時，他與卡繆相逢；以後沙特又邀請卡繆擔任「蒼蠅」劇本的導演，從此二人成為莫逆。

然而這一友誼也因政見不同而終止。一九四五年，卡繆已表示厭惡共產黨或任何其他主義的流血革命行動。一九五一年所出版的「反抗的人」(L'homme révolté) 一書，認為眞正的反抗

---

[36] J.P. Sartre: *Situations*, pp. 156, 159, 171, 189, 205-6, 226.

[37] J.P. Sartre: *Literary ard Philosophical Essays*, Collier Books, New York 1965, p. 44.

或革命，應以人的價值和幸福爲前題，因此不應該殺人，不應該用暴力㊳。於是，沙特就叫尚松(Francis Jeanson) 寫了一篇書評，發表於一九五二年六月份「現時代」中，指責卡繆替反動份子爲虎作倀，違抗歷史的趨勢。那篇文字雖由尚松執筆，但卡繆一眼卽知是後臺老板沙特的見解。於是他寫了一封「致現時代編者的信」，指出尚松「要反抗一切，祇不反抗共產黨和共產主義國家」。這一封信發表於「現時代」八月份中，附有沙特的答覆。卡繆信中不提沙特的名，沙特對此至爲忿怒：「你稱我爲編者先生，而任何人都知道，我們已是十年的朋友。我同意，這祇是一種手段。表面上你是駁斥尚松，其實你的話是說給我聽的。這是一個骯髒的手段」㊴。從此，沙特與卡繆的友誼遂告決裂。

梅爾洛邦底和卡繆二人與沙特之間的不愉快，都表示沙特是個很衝動的人，他的措詞也很不客氣。另一方面，上文所提到過的美國心理分析學家，却指出沙特個性中的可愛一面 (M. Beigberger: L'homme Sartre, Paris 1949)：他非常大方，從不吝惜自己的錢；什麼人有求於他，他無法拒絕。在集中營裏面，他曾經爲一位神父冒過生命危險；並曾爲一位耶穌會士編了一齣聖誕劇，讓大家表演取樂㊵。他雖因意見不同和梅、卡二氏決裂，但他們死後，他都表露出自

㊳ 王秀谷：漫談卡繆，現代學苑第六卷第二期，四六——四七頁。
Nicola Chiaromonte: 沙特對卡繆——一場政治爭論，現代學苑第五卷第四期，一四七——一五三頁。

㊴ J.P. Sartre, *Situations*, pp. 54-59.

㊵ Charles Moeller: *Litterature du XXe siècle et christianisme*, II, Casterman, Tournai/Paris 1957, p. 50.

己並未忘情於他們。

尚松　剛才說起，沙特與卡繆的決裂，起因於尚松的一篇書評。尚松是在一九四七年初次與沙特相識，那時祇有二十五歲，剛寫好「沙特思想與道德問題」一書，戰戰競競地去「現時代」向存在主義的「大祭司」請教。沙特不但請他改日再談，並細閱他的手稿，替那本書寫了一篇序。從此，尚松就密切和沙特合作，一度曾是「現時代」雜誌的經理；一九六五年，「沙特思想與道德問題」再版，那本書的封底說尚松是「現時代」的編輯委員。

卡繆與梅爾洛邦底均因沙特太左傾而和他決裂，尚松則因沙特於一九五六年表示反對蘇聯侵略匈牙利，而和他鬧過不愉快。沙特要求尚松一起簽字，反對蘇聯血洗布達佩斯，尚松不肯，並批評沙特的不當。於是他辭去「現時代」經理的職務，並且兩年之間不再與沙特見面。以後雖言歸於好，但尚松已不承認自己是沙特的朋友，也不承認自己是他的門生㊶。

㊶ Francis Jeanson: *Le problème moral et la pensée de Sartre*, Seuil, Paris 1965, pp. 295-300.

柒 沙特的基本思想

一、幾個直接影響沙特思想的人物

胡塞爾與海德格 沙特曾於一九三三至一九三四年間去柏林，格外研究胡塞爾與海德格二氏的哲學思想。沙特在德國時，胡塞爾尚存人間，但已不再在大學任教職，海德格則於福賴堡（Freiburg i. Br.）大學講授哲學。沙氏有否赴福賴堡向胡塞爾請教，或者聽海德格的課，我人不得而知。但他當時曾潛心研究二氏的著作，則係事實。

沙氏所常用的現象、內在、超越等觀念，很明顯地取於胡塞爾❶；「存有與空無」的副題「

❶ Edmund Husserl: *Die Idee der Phänomenologie,* fünf Vorlesungen, herausgegeben und eingeleitet von W. Biemel, 2. Auflage, Martinus Nijhoff, Haag 1958.

現象學存有論的嘗試），無疑地是受胡塞爾的影響；胡氏的「存而不論」（意指暫時對某件事或某一思想不予細究，暫時放入括號之中），也啟發了沙特「空無化」觀念。一般說來，沙氏於一九四三年以前所發表的哲學著作，都戳著胡塞爾思想的印記。一九四三年所發表的「存有與空無」則是一個轉捩點，無論從主題和形式而言，這本書都深深爲海德格的氣氛所籠罩。凡是讀過海氏「存有與時間」和沙氏「存有與空無」的人，對這點是絕對不會有疑問的。海德格所討論的「設計」「過去」「現在」「未來」「現實性」「空無」等等主題，都構成沙特思想的基礎；沙特之強調對未來的設計，也完全受之海德格。海德格在一節告終時，往往喜歡提出一連串問題，沙特也學會了這一手法；連海德格喜造新字，把幾個字連在一起的怪癖，也被沙特學去了。海德格與沙特的思想有這許多相同點，竟使梅加利·葛琳（Marjorie Grene）把他們二人的思想併在一起講❸。另一方面，不但沙特自己揭示出他和海德格的不同處，海氏更堅決否認沙特代表他自己的思想❹。事實上，沙特和海德格在個別題材中的確有顯著的不同。上文所云「空無空無化」（Nichts nichtet, néant néantise）這一原則在海德格和沙特心目中的不同意義，即其重要一

❷ Jean-Paul Sartre: *L'être et le néant*, Gallimard, Paris 1943, 65.

❸ Marjorie Grene: *Introduction to Existentialism*, Chicago 1959. 此書已有中文譯本，可惜因譯文不清楚而無助於理解。

❹ Martin Heidegger: *Platons Lehre von der Wahrheit*, mit einem Brief über den "Humanismus", Francke, Bern 1954, 79-80.

端。至於透過海德格，沙特也深深受了齊克果的影響，自不在話下：存在、選擇、自由、可能性、空無、憂懼等等，本來都是齊克果所首創的主題。

佛洛依德與阿德勒　大約由於沙特幼年所經歷的重大心理創傷，他對心理分析的理論極感興趣，這點在沙氏著作中隨處可以見到。但除在佛洛依德（Freud）的「心理分析導論」和「日常生活的精神病現象」二書以外，沙特所涉獵過的，似乎便只有阿德勒（Adler）的著作。榮格和其他深度心理學家，沙特就絕未提及。

沙特大膽否定深度心理學者所一致肯定的潛意識這一「假定」，認定心理事實與意識共存亡，因爲它必須是體驗到（vécu）的事物；但他又說意識到的東西卻未必爲人所知（connu）❺。沙特這句話未免貽笑大方：深度心理學所說的潛意識現象，正是以體驗爲其先決條件，只不過這體驗是不自覺的，不爲人所知，也卽在潛意識狀態中實現；因此，沙特說「意識到的東西卻未必爲人所知」，卽承認潛意識。沙特往往貿然曲解一個名詞的原來意義，這就是很好的例子。

由於沙特非常熱中於心理分析，因此在「存有與空無」中，竟弄出一套非驢非馬的「存在心理分析」❻出來。沙特以爲佛洛依德的「慾力」（libido）或阿德勒的權力意志，都不足以解釋人的原始選擇（choix originel），祇有「存有的缺乏」（manque d'être）才能解釋它。沙特的

❺ J.-P. Sartre: *L'être et le néant*, p. 658.

❻ 同上，六四三——六六三頁。

「存在心理分析」即以確定原始選擇自命❼。

心理分析理論中，最吸引沙特想像力的一點，大約是佛洛依德所強調的性慾。沙特的哲學思想和文藝著作，誠然都以人的自由爲中心點，但是以性慾行動去表現自由，可以說是沙特的一貫作風。沙特的文藝著作，很少不描寫性行爲，而且往往描寫得非常露骨。「存有與空無」一書，表面上嚴肅得像康德或海德格的著作，但一有機會就扯到性，而且扯得非常出人意外。例如。他講到認知和研究時，突然說看到一件事物，就和性行爲一樣是一種享受；他又繼續說：「一切研究都包括裸體的觀念：我人把遮住視線的阻礙拿去而看到裸體，正如阿克得翁（Actéon）移去樹枝，以便更清楚地看到正在洗澡的媞雅納」。沙特竟稱求知慾爲阿克得翁情意結（complex d'Actéon）❽。阿克得翁是希臘神話中的一個獵人，因窺視正在洗澡的媞雅納女神而被變成雄鹿，遭受了被自己隨身帶著的狗撕碎的懲罰，把求知慾與性慾混爲一談的例子足以表示，沙特之喜歡扯到有關性的一切，實在有些近乎病態，他之喜用「觀看」一詞而又怕被觀看，也可能是一種病態心理使然。

黑格爾與馬克思　在討論空無觀念時，沙特對黑格爾的態度是批判性的；但是後來透過馬克思，他卻又把黑格爾的一大半思想全部接受。在「辯證理性批判」的序言中，沙特稱自己的存在

❼ 同上，六五七——六五九頁。
❽ 同上，六六六——六六七頁。

主義爲一種「意識形態」(ideology)和「寄生的系統」，目下正在尋求編入「知識」之中。上下文告訴我們，沙特所云的「知識」就是黑格爾主義和馬克思主義：馬克思主義現在已成爲沙特的唯一哲學。存在主義本身則是「完結的，已經過時的文化形態，像一種肥皂的牌子」⑨。

這是美國和其他各國同情沙特人士所很難下嚥的一劑苦藥。但無情的事實擺在我們眼前，今日的沙特已成爲黑格爾和馬克思的入門弟子。

二、空無與空無化

上面我們已討論過沙特的空無經驗，並指出這一經驗是沙特思想的樞紐所在。沙特的主要思想應該以「存有與空無」爲代表，後者則和空無及空無化的概念分不開。至於接受馬克思主義以後之「辯證理性批判」中的思想，則當另作別論。

爲了方便，下文在引用「存有與空無」時，一概按一九四三年版法文原本寫出頁數放入括號，不另加註。

空無化　早於一九三九年發表的「情緒理論簡述」，沙特就說我人在困難情況中，往往會嘗

---

⑨ J.-P. Sartre: *Search for a Method*, translated from the French and with an Introduction by Hazel E. Barnes, Alfred A. Knopf, New York, xxxiii, 8.

試用心境使客觀世界變化❿。大家所熟知的「酸葡萄」「甜檸檬」和白日夢種種機能，就是沙特所說的情緒魔力所致。在「想像之物」中，沙特說出，意識的否定作用(the negating function)使我們和實際世界隔離⓫。這所謂否定作用，沙特受了海德格洗禮以後，在「存有與空無」中就改稱空無化（néantisation）。

沙特先批評黑格爾的空無概念。黑格爾以爲存有與空無是互相補充的兩個抽象概念，聯合起來，才成爲具體事物的基礎。沙特則認爲，空無的觀念後於存有的觀念；空無之所以爲空無，是由於沒有事物所致；因此理則上不能把這二觀念視爲同時（contemporanéité logique 47–51）。

沙特所理解的海德格，則視存有與空無爲二種相反的力量，這二種力量形成實際事物。海德格對空無的見解，上文已經指出，恕不再贅。

人是空無的起因　沙特認爲唯有空無才能超越存有（52—53）。但這超越存有的空無，卻必須從存有而來：「人就是空無所藉以來到世界的存有」（60）。然而，人無法消滅放在他眼前的事物，他祇能够變更自己與事物的關係：即把某一事物劃在圈子以外（mettre hors de circuit），也就是把自己劃在某一事物以外。這時人自己就退隱於空無彼岸（par delà un néant）。人能

❿ Peter J.R. Dempsey: *The Psychology of Sartre*, Cork University Press, Cork 1950, 101.
⓫ J.-P. Sartre: *The psychology of Imagination*, translated by Bernard Frechtman, Washington Square Press, New York 1966, 243.

够分泌出空無，把自己和其他一切隔離開來；這一可能性，沙特稱之爲自由（Cette possibilité pour la réalité humaine de sécréter un néant qui l'isole, ……c'est la liberté 60-61）。

上面這些空洞的言詞，也許會使人莫測高深。但和上文所說過的空無經驗互相對照，讀者就不難明瞭個中三昧。當我的意識把注意力集中於事物甲時，甲以外（非甲）的一切事物被劃在圈子以外；這時非甲和我中間，就被我所造成所「分泌」的空無隔離開來。我的意識能够和非甲隔離，也能和甲隔離，能够和過去的一切隔離。空無超越存有，就是這個意思。我不爲過去的一切所限制，能够使自己和過去一切隔離開來，能够隨心所欲把注意力投向所要投的事物上，沙特認爲這就是自由。

空無使人與本質隔離　人的意識能够任意使自己和過去隔離這一事實，使沙特覺得人非常了不起：人的自由是一切價值的基礎，人要選擇這個或那個價值，絕沒有任何其他理由（76）。「除他自己所造成的自己以外，人什麼也不是」（l'homme n'est rien d'autre que ce qu'il se fait）⓬。人既然可以把過去一切劃在圈子以外，和自己隔離開來，所以人和他的本質之間，被空無所隔離。沙特的本質觀念採自黑格爾的「本質是已是之物」一語（Wesen ist was gewesen ist 72），和習用的意義完全不同。

憂懼　既然說起了自由，沙特也跟蹤著齊克果提到憂懼（angoisse）的概念。沙特認爲憂懼

⓬ J.-P. Sartre: *L'existentialisme est un humanisme*, Nagel, Paris 1964, 22.

卽對一種可能性是我的可能性的體認（La reconnaissance d'une possiblité comme ma possibilité 73），也就是對自由的體認：當我的意識發覺我和過去的「本質」之間有空無的隔離，這時就會產生憂懼。也就是說：當我現在有所決定時，我已經使過去的「本質」空無化；未來尚未把握住，因此也在空無領域之中；這時我覺得一無憑恃，會發生恐懼（72—73）。沙特以自己寫作「存有與空無」一書爲例：以前的寫作已成爲過去，是他本質的一部分；未來是否寫作，尙在不可知之數。於是他的自由就對這本書引起憂懼：這本書之能否完成，繫於他現在的自由（74—75）。這樣的憂懼是無法驅除的，「因爲我們就是憂懼」（81）：憂懼就是體認到自己的自由。

因此，沙特竭力反對心理決定論（le déterminisme psychologique），因爲心理決定論把過去、現在、未來連接成必然的關係，認爲環境、遺傳和過去的一切，能夠決定人的行動。沙特則主張人絕對自由，心理決定論是藉以替自己推托的遁詞：人由於要防禦自己受憂懼的侵襲，所以就藉心理決定論來卸脫自己的責任（78）。

三、在己存有、為己存有、別人

沙特所用的那些概念都彼此連貫，而這些概念中間，在己存有（l'être-en-soi）與爲己存有（l'être-pour-soi）佔相當重要的位置。這兩個概念和海德格的「現成存有」（Vorhandensein）

與「自我存有」（Selbstsein）非常相似⑬；沙特之受到海氏影響，是毫無疑問的。

「在己存有」和「為己存有」這兩個觀念是分不開的。細讀「存有與空無」導論第六節（30—34）與（第二部分（115—139），會覺得「在己存有」是沙特為了解釋「為己存有」而施用的一種技巧。「為己存有」因意識而在自己面前（présence à soi），對自己採取距離，在自己內部被空無所分隔。總之，「為己存有」與空無結了不解之緣，它是空無的產物，同時又產生空無（115—121）。由於意識的反省動作，反省前的認識成為反省的對象：反省是知道自己知道（23）。因此，意識經過反省以後，已經和原來的意識不同：它是知道自己的意識。用沙特所用的例子來說，經過反省的信仰已不再是信仰，而是被擾亂了的信仰（croyance troublée 117）。所以沙特說意識不完全等於意識，原來的相等被意識的反省動作所破壞。

上面說過，沙特在「存有與空無」一書中所強調的是空無，而空無是人的意識所產生。沙特這本書的主要題材不是存有，而是人；海德格曾特別指出這點⑭。存有在沙特思想體系中祇佔次要的位置。偌大的「存有與空無」這本書中，專門討論存有——也就是專門討論在己存有——的篇幅，祇佔導論第六節的區區五頁。

那末，沙特眼中的在己存有是什麼呢？老實說，最乾脆的答覆是：它不是為己存有，它不經

---

⑬ 本書第四章

⑭ Martin Heidegger: *Platons Lehre von der Wahrheit*, 80.

過意識的反省作用。沒有意識的騷擾，所以在己存有的自我肯定是未分化的（une affirmation de soi indifférenciée），也就是說它是它所是的東西（l'être est ce qu'il est 32–33），不會發生任何否定，不會產生空無。在己存有完全是它自己，內部沒有任何裂痕，它和它自己完全相等；「在己存有的存有密度是無限的」（la densité d'étre de l'en-soi est infinie, 116）。這句語看去玄妙得很，其實就是在己存有和它自己完全相等的意思。「在己充盈著它自己，我人想像不出更完整的充實，被容納者與容納者之間更完美的一致：在那裏，存有以內沒有一絲足以使空無滑入的空隙和裂痕」（116）。這些堂而皇之的話，也不出上面所解釋的意思。爲了方便，沙特喜用「在己」「爲己」，以代替「在己存有」和「爲己存有」。

除去「爲己」「在己」以外，誰也不能否認還有別人。由於經驗到有組織的各種形象，如手勢、表情、行動等等，我發覺到自己以外還有別人（280）；別人不是我主觀經驗所可任意擺布，所以他本來是一種客體。然而，透過我的經驗，我發覺到別人的情愫、別人的觀念、別人的意願及別人的性格。「事實上，別人並不祇是我所看到的，而是那看到我的一個」。對別人而言，我並非主體，而是客體（283）。

既然如此，別人可以說就是「非我之我」（le moi qui n'est pas moi），這個「非」是指點我與別人之間的空無：在我與別人之間有一種「隔離的空無」，也就是「關係的缺乏」（285—6）。

沙特對於有能力把「我」作爲客體的「非我之我」，始終懷著戒心甚至恐懼，因此有「別人就是地獄」之說。「存有與空無」中長達五十餘頁的「論觀看」(le regard) 一節，充分揭示出沙特因被人看到 (être regardé, être vu, 316) 感到不自在，甚至感到恐怖。

另一方面，別人既係「非我之我」，所以我發現我時，同時發現別人：沙特應用馬賽爾的說法，稱我與別人的關係爲主體際性 (intersubjectivité)。人與人之間沒有所謂「普遍本質」或「人性」，但卻有一種「人的普遍情形」(une universalité humaine de condition)。因此沙特主張我人不獨應尊重自己的自由，同時也應尊重別人的自由[15]。

四、時間的三度性

海德格的「存有與時間」，對沙特的時間觀具有決定性的影響，沙特在海氏理論中所加上的是空無的魔力。

現在　沙氏的時間觀中，現在就是「爲己」，現在之物卽「爲己」，在「在己」面前。「爲己」在一件事物前面，或者在它自己前面時，就產生否定和空無 (164—8)：它向空無的未來設計，同時使過去成爲空無。

---

[15] J.-P. Sartre: *L'existentialisme est un humanisme*, 67, 83.

過去　什麼是過去?沙特說過去已經陷入空無深處，根本已沒有了，祇在腦的細胞中留下一些痕跡（151）。因此，死人並不祇是過世，他們和他們的過去都已遭消滅，他們祇靠活人的記憶苟延殘喘（156）。

對我們每人而言，過去的已經被超過的我，已經是一種「在己」。我們的過去一稱現實性（facticité 162），我們對之毫無辦法；用沙特富詩意的話來說，它是「重新被在已捉住、被在己所沉溺的爲己」（le Passé est un Pour-soi ressaisi et noyé par l'En-soi 164）。我們的過去，沙特稱之爲本質；言至此，他又再度引用黑格爾的那句話：「本質是已是之物」，這句話之深得沙特同意，即此可見一斑。

未來　過去的事，我沒有辦法擺脫；未來卻祇是我能够的事，它祇是實現或不實現的可能性，它的存有絲毫沒有把握，因爲我的自由在下面侵蝕著它。它並非「在己」，而是「爲己」現在行動的方向和意義，是「爲己」之可能性的計劃或設計（le projet de sa possibilité 173）。由於所計劃的祇是可能性，所以我自己也無法限定它：「爲己」與未來之間，被空無所隔離。這個空無就是「爲己」本身。對此，「爲己」也無可奈何，所以沙特說：「是自由即被宣判爲自由」(174)。

那末，「爲己」的原始計劃是什麼呢?沙特認爲人的原始計劃是「存有的計劃」（le projet d'être），亦即「存有的願望」或「對存有的傾向」（désir d'être ou tendance à être）。「爲己」所選擇的正是所缺少的東西，全部所缺少的事物卽構成價値（651—2）。「爲己」自身旣因意識而造成空無，也就產生彌補這空無的願望，祇是這個願望和計劃又被自由所侵蝕，它的實現或不實現一點沒有把握：未來也逃脫不了空無的魔掌。

五、作為、自由、設計

上面所講的這個題材，都與沙特的中心問題有關，那就是人的自由，而人的自由不能脫離空無。這裏讓我們再比較詳細地討論自由。

在「存有與空無」第四部份第一章中，沙特用一百三十餘頁的篇幅專門講論自由。他主張作爲（faire）必須以自由爲先決條件，同時必須是有意向的：因此吸煙不愼引起炸藥爆炸，不能算是作爲；反之，受命炸毁車輛的工人則有了作爲（508）。有意向的作爲當然有它的動機。一般人往往以爲動機可以用因果律去解釋，因而否定自由，這就是心理決定論。沙特則指出，任何政治、經濟、社會、心理的實際情況，都不是我人作爲時的眞動機。他認爲「作爲是『爲己』向著沒有的事物之設計；而已有的事物，由它本身絕對不能決定那沒有的東西」（510—511）。這所謂「沒有的東西」（ce qui n'est pas）就是尙未實現而且隨時可被自由否定掉的未來。換句話說，並不是實際情況逼著「爲己」作某種設計，而是作了某種設計和抉擇以後，我人會以不同的眼光去看實際情況。實際情況之能否成爲有效動機，是在「爲己」採取抉擇以後。沙特所舉的下述例子，可以幫助我們瞭解他的這層意思。

一八三〇年，巴黎發生暴動，這一風氣旋即傳遍歐洲各處，比利時、意大利、日爾曼、波蘭各地，都相繼革命。沙特揣測，如果那時的僱主把工人薪金降低，一定會引起反抗，因爲工人已作了「不能再忍受下去」的抉擇。有了這項抉擇，降低薪金這件事才足以成爲反抗的動機。反之，如果工人採取命運如此聽其自然的態度，那末一切都會改觀：他們的生活固然痛苦，但痛苦已習慣成自然，已是工人存有的一部份，絕不會成爲採取行動的動機。然而，當工人作了改變這痛苦的計劃以後，痛苦就變成不能忍受。這時，工人已對痛苦採取距離，作了雙重的空無化：一方面他把理想情況懸爲「純粹的現在空無」（pur néant présent 510），另一方面又因這理想情況而視現狀爲空無。沙特這項分析的確非常精微，基於他自己的切膚經驗和對人生的尖銳觀察。

向著虛懸著的、未來的、「沒有的東西」設計以後，才會使客觀事實成爲動機，似乎是沙特最得意的構想之一，也可以說是沙特哲學思想的頂點。因此他不厭其煩，反反覆覆闡述這點。他並不否認客觀事實影響人的行動，但他強調先有設計，以後客觀事實才有效地決定行動。法國歷史上的重要史實供給了另一個例證。

公元四九六年法國國王格羅維斯（Clovis）皈依天主教，當時的其他野蠻人首領都信亞略派

（Arianisme）。沙特對這事的解釋如下：格羅維斯當時見到天主教勢力雄厚，但它對亞略派無計可施，非常焦急。天主教當時在法國勢力雄厚而無法對付亞略派這件事，本來和格羅維斯無關；但因他已經有征服整個法國計劃，那件客觀事實遂成爲他皈依天主教的動機，藉以爭取天主教人士的支持。在格羅維斯皈依時，天主教人士的支持祇是一項可能性，一個空無。格羅維斯必須超越當前的客觀情況，卽與之保持距離，使之空無化，才能够發現本身是空無的那項可能性：因爲客觀情況是多面性的，格羅維斯可以投向天主教或亞略派那邊，也可以根本不接受基督信仰；但因他已有征服法國的設計，格羅維斯就發覺，投向天主教對他實現計劃所含的可能性。這開始時的設計，才使天主教的實際情況，成爲格羅維斯皈依動機的一部份（522—525）。

人過去誠然也影響他的作爲。但祇在我把我自己的過去看成「在己」，使之空無化，同時向著未來的可能性設計時，過去的「在己」才會有動機的價值。那向前投射的（pro-jeté）、空無的未來，就是超越我自己的我。所以，正在作爲的我，決定自己的目標和動機；作爲就是自由的表現。對自由作爲而言，沙特同意海德格的話：「存在先於本質並決定本質」（513）。「人先存在，就是說人先把自己投向未來，並意識到在未來以內替自己設計」⑯。存在就是替自己設計，設計以後，人才有確定型態——本質。「爲己」的存有，在於使它原來所是的「在己」空無化。自由就是這一空無化：藉著空無化，「爲己」才能够擺脫自己已有的本質（這裏他又一次引用黑

⑯ 同上，二三頁。

格爾的話）。因此沙特說：「爲己」的特質，卽係「是其所非，而非其所是」（il est ce qu'il n'est pas en n'étant pas ce qu'il est 515）；這句話的意思就是：人是其所虛懸的未來計劃，而他所已是的，他又要空無化。人旣是他自己的計劃，所以沙特說人的存有可歸結到他的作爲（555）。

由於沙特稱自己的過去爲本質，因此他說：「我被宣判，始終超過我的本質而存在，始終超過我行爲的動機：我被宣判爲自由」（515）。

六、現實境界與自由抉擇

上面我們曾說起沙特非常反對心理決定論。然而，事實上我人往往覺得面對現實境界無能爲力，不能脫離國家、家庭、階級、習慣的影響。人似乎並不造成他自己（se faire），而是大地、氣候、種族、階級、言語、所屬集團的歷史、遺傳、幼年時的環境、習慣、生活中的大小遭遇等等所造成（être fait 561）。

沙特認爲這一理由並不妨害人的自由：「爲己」是絕對自由」的，祇有一件事在自由範圍外，就是它自己的自由。「爲己」雖是自由的，但並非它自己的基礎。它不能選擇自己是否自由。「我們被宣判爲自由」，或者如海德格所云，「被投擲」於自由。非自由不可這件事實，就是「爲己」和自由的現實性（facticité 125, 564-5）。自由之存在於世間，並且不能不存在，就是自由的適然性（Contingence 567，此詞亦可譯爲「非必然性」；經沈清松教授建議改譯爲「適然性」）。「爲己」的自由對自由的現實性與適然性無能爲力，但這無損於自由本身。

自由必須以世界的「在己」事物爲依據（le donné），「依據」既非自由原因又非理由，也不是自由的先決條件，而是不可省的材料。自由必須以「在己」事物爲依據，而加以否定和空無化（567）。自由所攫取到的「依據」，已不是純粹的「在己」，而是把它作爲動機，即從所選擇的目標那一角度去照明它。這被自由所選擇的目標著了顏色的客觀事物，沙特稱之爲「處境」（situation 568）。像上面所說降低薪金那件事，加上工人「不能再忍受」的自由抉擇，就是「處境」的一個好例子。

沙特講論處境這節，整整用了七十七頁，冗長得駭人，格外詳細發揮五種境遇，即我的地方、我的過去、我的周遭、我的近人、我的死。試略述前三種處境。

第一、我的地方 我生在何處，是件適然的事，沒有非如此不可的理由。如果我選擇在這裏安居樂業，故鄉就是個好地方；反之如果我志在四方，故鄉就成爲非脫離不可的樊籠。地方由我對未來的設計而改變意義，變成迥然不同的處境；它因我的不同自由設計，而被視爲形象或背景（570—6）。

第二、我的過去 它就是我的本質（又一次引用黑格爾那句話！577）。要找一個未來的目標，必須超過屬於過去的已有事物。因此，從選擇未來目標的觀點而言，過去是不可或缺的，因爲任何自由的超越必以過去爲起點，未來的計劃必須改造過去。被改造的過去就是一種處境。

對未來的計劃，往往也選擇過去的史實，作爲那計劃的理論根據。美國在參加第一次大戰時，就找出美國與法國友好的歷史事實。反之，如果美國想要加入德國一邊，當然也不難找出和德國友好的事實（581）。歷史事實對我人所呈現的不同意義，往往繫於現有的計劃（579）。

第三、我的周遭 那就是德國人所說的 Umwelt，即足以供我應用的一切工具。由於我自由計劃要做的，周遭的事物成爲如意或逆境。例如我今天要騎自行車往附近的市鎭，這時我覺得風太大或太陽太厲害。我如果沒有騎自行車出去的計劃，太陽、風等一切與我無關（585—5）。

七、無可推諉的責任與自欺

客觀事物「在己」之成爲動機或處境，既完全決定於「爲己」的自由抉擇，所以沙特說：「人的存有寓於抉擇：他從外面從內部都不能接受什麼。他完全被遺棄，沒有任何援助，直至最微小細節都必須造成自己的存有。因此，自由並不是一種存有，它是人的存有，就是他存有的空無」（516）。自由抉擇完全是它自己的理由（567）；其情形正如上文所說過的，我人把圖案中的人頭側影或杯子、天使或魔鬼當作形像或背景，完全決定於自由，沒有其他理由。但這並不是說，「爲己」有辦法變更處境中的「在己」部份，如過去、周遭、他人等等，而是絕對自由處置它主觀的抉擇。因此沙特又說：「人所做的，並非他所願的，但對他所是的負責任：這是事實」⑰。這裏他說的「所是」(ce qu'on est) 指人的存有方式，卽指人的抉擇。

「以上所說的基本結論是：人既被宣判爲自由的，在他肩上負有全世界的重量：以存有方式而論，他對世界和自己負責任」(639)。沙特所說的負責任，並不包括會受到賞罰或第二第三者負責交代的意思，祇指「意識到自己是一件事或物的不可異議的製作者」。自殺，像若伯一般咒罵自己的出生，沙特認爲這些也是對自己的存有採取立場，也是一項選擇，也是一項對自己的計劃。我的自由不可避免地跟蹤著我：我必須選擇，做計劃，對自己負全責(641—2)。

「人應當負自己的全責」這層思想，大約屬於沙特最得意的「發現」之一，因此他特別喜歡用小說、戲劇表達這一思想。最名噪一時而爲人樂道的是蒼蠅三幕劇：沙特讓主角奧利斯提(Oreste)這樣對創造者宙比得(Jupiter)說：「我是自由！自由就是我！你一創造了我，我便不再是你的了！」「在天上什麼也不再給我出命令：既非善，亦非惡，也沒有人給我出命令。」「我不回到你的法律下面去：我已被處罰：除我自己的法律以外，不再有其他法律。……因爲我是

---

⑰ J.-P. Sartre: *Situations*, translated from French by Benita Eisler, Fawcett World Library, New York 1966, 27.

人，宙比得，每一個人都得找到自己的途徑」[18]。沙特的三部長篇小說總稱爲「自由之途」，大約卽起源於此。

沙特在一九四六年發表的「存在主義是一種人文主義」演說中，也再三強調這點，但他又另外加入取自康德的因素，那就是選擇時對全人類負責，因爲，「我們所選擇的始終是善；沒有一件事能够對我是好的，而不對大家都是好的」。所以，一個人採取行動時，他自覺到是全人類的立法者：他無法逃避這一責任。當一位軍事領袖下決定時，他知道千萬人的生命繫於他的決定，這時他自然感到憂懼，但憂懼並不阻止他採取行動。沙特所說的憂懼，也就是指這一責任感。旣然我們抉擇時完全孤獨，因此會覺得被棄置如遺（délaissement）和絕望（désespoir）。絕望，依沙特的解釋，就是我人抉擇時沒有任何靠山，祇能投靠自己的意志，以及那些使我們的行動成爲可能的一切[19]。

完全對自己負責而帶來的憂懼會使人不快，因此往往有人逃避它，這樣就產生沙特所說的自欺（la mauvaise foi）。自欺和說謊不同：說謊者自己明知在變更眞理，自欺則是把眞理替自己瞞住：「隱瞞一種不愉快的眞理，或者把一種令人愉快的錯誤當作眞理」（86—87）。自欺的

---

[18] J.-P. Sartre: 蒼蠅（三幕劇），尙木譯，見劉載福編：沙特論，臺中市普天出版社，民國五十七年初版，一三三——一三四頁。譯文已參照原文略作修正：原譯「沒有什麼東西可以在天堂中留下！對我，沒有是，也沒有非，也沒有人能命令我！」有失準確。

[19] J.-P. Sartre: *L'existentialisme est un humanisme*, 24-25, 28-33, 49-62.

理論，是今日深度心理學的老生常談，沙特這方面的論述似乎並無突出之處。值得注意的，是他認爲把應當做的抉擇拖延下去就是自欺。沙特所舉的例子如下：

一位女士接受了第一次約會。她很明瞭那位男士對他的企圖，同時知道自己遲早要作抉擇。但是她寧可品嚐一下「我崇拜妳」這一類恭維之詞，勉強自己相信，對方並未爲慾念所驅使。終於對方緊緊拉住了她的手，已經到了抉擇的關頭；但是她還是拖延。「她的手安然停放在對方熱辣辣的雙手中：既不順從，也不拒絕——一個事物」(94—95)。

沙特指控這位女士在自欺。自欺就是逃避不能逃避的東西，即逃避人原來所是的（fuir ce qu'on est），亦卽逃避自由抉擇的存有（111）。

八、原始抉擇的基礎

人必須選擇自己的路，沒有任何標準可以遵循；選擇時，人就替自己創造出價值，而拖延選擇就會形成自欺。以上就是沙特對自由看法的綱要。依據這個原則，沙特的倫理觀當然會摒棄康德的「無上命令」（Kategorischer Imperative）、雅士培的「無條件要求」（unbedingte Forderung），或任何帶有「應當」成份的規律。然而，抉擇的產生總有它的成因。沙特在「存在心理分析」一節中討論這個問題。

沙特以爲心理分析的目標在於弄清情意結（complexe），而存在心理分析則追尋「原始抉擇」（choix originel）的起因（657）。什麼叫「原始抉擇」呢？人對自己的自由，是無法選擇的：他被判定爲自由。但人在選擇其他一切時，卻有他的選擇基礎，這選擇基礎本身就是行爲準則，不必再苛求更高的基礎，這就是所謂「原始抉擇」。沙特認爲「原始抉擇」比佛洛依德的慾力（libido）或亞得勒的權力意志更澈底（659）。

人對未來可以作無數的計劃。海德格把這些計劃分成純眞與不純眞二種，對此沙特頗不以爲然：因爲海氏的分類基於對死亡的憂懼，而這一憂懼，沙特以爲是基於人對生活所作的計劃：人由於要生活，才會對死亡發生憂懼（651）。沙特認爲，「爲己」的原始抉擇祇能以存有爲基礎：「爲己」之所以是「爲己」，係由於它本身爲「存有之計劃」（Projet d'être）：可能的事物（le possible）構成「爲己」的價值。「爲己」本身就是「存有之缺乏」（manque d'être），而可能的事物，即以所缺少的事物之型態屬於「爲己」。「爲己」選擇時，即因爲它是一項缺乏：它是「存有之計劃」，也就是說它設計獲取存有。「爲己」的原始抉擇係獲取存有的計劃（651—2）。

「爲己」把原來的「在己」空無化，向未來的可能的事物設計，而可能的事物又是一種「在己」。因此空無化的目標是「在己」，人也就是「對在己存有的期望」（désir d'être-en-soi）。人的原來存有充盈著適然性，它並非自己的基礎：空無化就像一種對適然性的反抗。計劃中的可能事物卻不繫於外界，而純粹以意識自身爲基礎；沙特任性地稱上述計劃中的價值爲「在己爲己」(en-soi-pour-soi 653)。以純粹意識的力量成爲「在己存有」的基礎之理想，沙特稱爲上帝，或「自爲原因之存有者」(ens causa sui 708)。換句話說，可能事物本身是「在己」；它成爲「爲己」的計劃時，就是「在己爲己」。人以純意識力量（「爲己」）想完成「在己」的理想，就是沙特所云的「上帝」。因此，沙特說人是計劃成爲上帝的存有者 (653)：人是一種熱情，他失去自己，爲使上帝得以誕生。然而，純粹意識的力量並不能眞正產生所期望的「在己存有」，它並非萬能，沙特的「上帝」遂成爲自相矛盾：我人無端地失去自己，人是一種無用的熱情 (l'homme est une passion inutile 708)。

這裏我們不妨指出，沙特所云的「在己爲己」或「上帝」，是意識以一己力量成爲「在己存有」的基礎之理想，也就是人想用意識力量去實現的計劃，因此與習用的創造者上帝的意義完全不同。就宗教意義的創造而言，沙特早已於「存有與空無」的緒論中一口否定(32)。沙氏幼年所接受的宗教教育，遂轉移對象至現世：文藝寫作代替了宗教的神聖價值。他相信人類將在此世綿綿不絕地生活下去：世間一日有人類，也就會有人讀他的書，他的名氣將永垂不朽。萬一地球遭受毀滅，即使這厄運延期至五千年以後，沙特說自己對這一設想會感到莫名的恐怖⑳。

⑳ J.-P. Sartre: *The Words*, translated by Bernard Frechtman, Fawcett World Library, New York 1966, 156.

九、存在與本質

沙特口口聲聲主張存在先於本質，上面我們也曾解釋過他這句話的意思，那就是在對自己尙未運用絕對自由去作設計和選擇以前，人根本什麼都不是。運用絕對自由替自己設計和選擇才算是存在，這以後我們才成爲某種特殊的存有，也就是說有了本質。

可是傳統的哲學（多瑪斯．亞奎那可以作爲代表）卻主張本質先於存在，究竟誰是誰非呢？

多瑪斯．亞奎那的哲學中，存在與本質是存有的二種形式。存有者是最普遍而超越（transcendental）的概念，包括任何實在與可能的事物，包括主觀客觀的一切。經過當代多瑪斯學派的努力，存有者這一概念已打破康德的現相（Phänomenon）與物自身（Noumenon）的界線，因爲不管是現相或物自身，都是某一種存有者。存有者却可以分成實現的與可能的二種：可能的存有者就是本質，它祇指出一件事物的「是什麼」（quidditas），對是否實有此一事物這個問題不置可否；實現的存有者則指有本質而又有存在的事物，卽一種實際上的事物。譬如「飛向金星的太空艙」這一概念就代表一種本質，這本質不一定是事實，它祇需是一項可能性就够了；換句話說它不能是像「方形的圓周」那一類自相矛盾的說法。等到有一天飛向金星的太空艙成爲事實時，這時此一本質就得到了存在，可能性已被實現而成爲實現的存有者。因此可以說：本質代表存有的潛能性一面，存在則代表存有的實現性一面，本質加上存在就成爲實現的存有。

實現的存有者又可分成有限無限兩類。無限的存有者之本質與存在不分先後，因爲無限的存有者是不帶任何潛能性的純粹實現（actus purus）；換言之，任何設想得到的可能性，在無限的存有者中應當以超級方式完全實現。無限的存有者無需有手、足、眼、耳等官能，但這些官能所代表的力量，應當以超級方式在無限存有身上存在。如果有任何一項可能性不以超級方式實現，那就不是無限存有者。存在既代表存有的實現性，無限的存有者又是純粹的實現，當然它也必須是純粹的存在。如果無限存有者存在的話，它的存在應是必然的；也就是說存在與實現性屬於它的本質。換句話說，如果有人問：無限存有者是什麼呢？我人可以回答：無限存有者超越時空及其他任何限制，是純粹的實現與存在。這也就等於說：無限存有者的本質就是存在，而且是無限制的存在；因此在它身上，本質與存在無所謂先後，必然地連在一起（見S. Thomae A. op. De Ente et Essentia, Cap. V.）。

反之，有限的存有者就必然地帶有潛能性與限制，它祇是部份的實現和部份的存在，它帶著種種限制，因爲他並非純粹實現。它的實現性與其潛能性成反比：潛能性愈大，實現的也就愈少，存在也越受限制。譬如新生的嬰孩是一種實現的存有者，比起胚胎時期，他已有很大的實現性，但比起孩童、青年、成年時期而言，他的潛能性還很大。隨著發育，他的潛能性逐漸減少，而實現性逐漸增長。當造成這嬰孩的精子與卵子尚未結合以前，嬰孩的存有尚在潛能性中，這時世間已有能構成此一個體的卵子與精子，但是還沒有新的個體。可是我人不能否認新的個體早已有其可能性，也就是說：新的個體早已有其本質，它早已是一種可能的存有者，也就是尙在潛能中的存有者。這可能的存有者並不是完全的空無(non-ens)。因爲它至少有其可能性；祇有不可能的自相矛盾的概念才是純粹的空無。我人甚至可以說，可能的存有者永久是可能的；例如孔子在歷史上雖祇在某一空間與時間出現一次，但是他出現的可能性却永久已然。到金星去的太空艙目下雖未成爲事實，但我人不容否認，它已有實現的可能，至少它是一種可能設想的概念，這也就是說：它在被實現以前是一種可能的存有者，它已有其本質，而這本質的出現於世界是先於它的存在。

旣然如此，那末除去無限的存有者以外，其他一切存有者的實現性及存在，與其本質都沒有必然的聯繫。它們在實現而進入存在階段以前，就祇有本質而無存在。根據經驗，每個人都生活在某一時代和某一特有空間，有他的特長，也有他的缺點；他面對「界限情況」無計可施。因此人是有潛能性的有限存有者：他實現的可能性先於他的實現。這就等於說：人的本質是先於存在的。

依據上述一切，我人可以發覺一項非常明顯的事實，那就是沙特所云「存在先於本質」，與多瑪斯哲學中的「本質先於存在」完全是兩回事。也就是說：沙特所云的存在與本質並非多瑪斯哲學所說的存在與本質。從沙特應用二詞的定義說來，他這句話也很說得通：沙氏和其他存在思想者所說的存在，祇是人的存在，而且往往祇指人的自由抉擇。沙氏所說的本質也祇是人在抉擇以後所造成的特殊情況。而我們在上文所解釋的本質與存在，是放諸四海而皆準的非常廣泛的概念，並不限於人的本質與存在。依據這習用的意義，沙特指稱人必須以絕對自由選擇自己的生活途徑，就是在對人下定義，而對人下定義就是指出人的本質；沙特一方面說存在先於本質，一方面却又要指定人的本質（卽一口咬定人必須以絕對自由選擇自己的行動），未免自相矛盾。但是，一如上文所已指出，他所說的存在與本質，完全是另外一套說法，所以也能自圓其說。

十、投向馬克思

在「言語」的最後幾頁，沙特坦白地說出自己的變化；三十歲時，他寫了「嘔心」，當時他覺得人生毫無意義。但是，十年以來——一九五四至一九六四——沙特逐漸從過去的狂妄中蘇醒過來，蘇醒得會嘲笑他自己㉑。這所謂蘇醒，是否卽意味著無條件接受馬克思的歷史觀？一九六四年四月十八日世界報（Le Monde）發表了一篇沙特訪問記，揭示了沙特的興趣已由寫作轉變到行動；他要站在二十萬萬飢餓的人一邊，嘗試著改造世界㉒。

一九五七年，波蘭的一份雜誌，發表了沙特的「存在主義與馬克思主義」一文。這篇文字經過

㉑ 同上，一五八頁。

㉒ André Niel: *Jean-Paul Sartre*, héros et victime de la *"conscience malheureuse"*, Courrier du Livre, Paris 1966, 72-73.

修改以後，又發表於「現時代」雜誌，題目改爲「方法問題」（Question de Méthode），最後編入「辯證理性批判」前面，作爲序言。當然，這篇長序不能代替全書。但在無法讀到「批判」這册巨著以前，「方法問題」仍可提供一些重要線索。

馬克思主義的鬪士　「脫胎換骨」的沙特，現在認爲「哲學生自社會運動，它自身是一種運動，而影響未來」。過去他讀馬克思的資本論時自以爲一切都很清楚，其實却一點不懂。馬克思主義的實際卻使他發生變化：無產階級實行馬克思主義的決心，對像沙特那樣的「小資產階級知識份子」發生了不可抗拒的吸引力。現在沙特願意「站在勞動階級一邊奮鬪」；他終於相信「歷史唯物論供給了對歷史的唯一有效解釋，而存在主義仍舊是對實際的具體接觸方式」㉓。

馬克思主義與存在主義的調和　明顯地，「存有與空無」與「辯證理性批判」代表著二種不同思想；後者卻在努力把過去的思想和馬克思主義相調和。「人的最重要特性是超越一種處境……。我們在人的根源——需要上找到了這一超越（going beyond）㉔。需要（besoin, need）這一觀念，就是沙特努力調和馬克思主義和存在主義的結果。以前，沙特心目中的自由，完全是「天上地下唯我獨尊」的，它祇以「在己」事物爲依據，卽以之作「空無化」的材料（參看「現實境界與自由抉擇」一節）。客觀事物爲主觀著色以後，才成爲「處境」和動機，而這一切完全

㉓ Jean-Paul Sartre: *Search for a Method*, 5, 17-18, 20-21.
㉔ 同上，九一頁。

決定於「爲己」的抉擇和期望。現在，沙特承認需要爲兩種因素所支配，卽稀少（scarcity）和超越它的努力㉕。人對未來的設計，已不再是絕對不受任何限制，而受到客觀的缺乏和稀少所限制；同時它又向空無的未來設計㉖。主觀設計以前，客觀事物祇是客觀事物，加入主觀設計亦卽加入超越的努力始成爲需要；超越客觀稀少情況的過程，沙特稱之爲實踐（Praxis），與漫無目標的「作爲」（faire）不同。未經設計未經實踐以前的客觀事物，沙特替它另創一新名詞，卽實踐之被動體（Pratico-inerte）。

在缺乏的環境內，人們把實踐加入「實踐之被動體」，這樣就形成了歷史過程。歷史以辯證的正反合方式實現著自己：特殊的缺乏情形把歷史帶到一種不均衡的破裂狀態；爲了超越矛盾情況，人們就必須實踐，創造出新的改造世界的綜合來，這樣歷史遂有了進展。人雖然在製造歷史，但未必意識到自己所製造的歷史。在許多企圖解釋歷史事實的理論中間，沙特認爲祇有馬克思主義站得住腳。他以爲馬克思主義是「意識到自己的歷史本身」，它並且已勾劃出未來的人類史。

然而，沙特却不能同意於當代的許多馬克思主義者，他們把歷史視爲一種內在力量，人完全受這力量支配。沙特指出馬克思自己絕未有過這一主張，馬克思和恩格斯都說：「人用以前的條

㉕ 同上，譯者導言，xv 頁。

㉖ 同上，九一——九二頁。

件做基礎，造成他們的歷史」。沙特完全贊成這句話；但他主張以前的條件固然發生力量，造成歷史的還是人自己㉗。到此，沙特發揮出他思辯的深厚力量：他主張辯證法本身之所以能用歷史和歷史理性形態出現，完全以人的「存在」爲基礎；「因爲它是實踐的發展，而沒有需要、超越和設計，實踐是不可設想的」㉘。這句話正好做了沙特另外幾句話的註腳：「歷史唯物論供給了唯一立得住足的歷史解釋，而存在主義依舊是具體接近實際的唯一方法」㉙。換句話說，沙特認爲馬克思的歷史唯物論，必須加上沙氏公司出品的設計和實踐，才能垂諸永久。設計就必須連帶自由，因爲從許多可能性中間，我人祇能實現其中若干項，而摒棄其他；沙特稱這樣的選擇爲自由。超越已有的情景或事物而作自由選擇，沙特認爲卽辯證法的應用㉚。

冰結的馬克思主義　明瞭了上面這些，我人也就不難理解他對現代共產主義的批評。他認爲「馬克思主義還很年輕，幾乎還在嬰孩期，差不多尚未發展。因此，它依舊是我們時代的哲學」㉛。然而現代的馬克思主義，却由於鬪爭時的需要，使理論和實踐分家：本來，具體的思想應當發自實踐，並重新歸向實踐而澄清它；現在黨的領導者要控制理論，獨佔解釋事實的權利，這樣

㉗ 同上，譯者導言，xvii-xviii 頁。
㉘ 同上，一七一頁。
㉙ 同上，廿一頁。
㉚ 同上，一五一——一五二頁。
㉛ 同上，三一頁。

理論就與實踐分家㉜，馬克思主義也就停止發展，形成冰結狀態。現代共產主義的種種罪行，如蘇聯血洗匈牙利，沙特卽歸咎於這冰結的馬克思主義㉝。他以爲馬克思主義今日的亟需，在於接受沙特式存在主義對人的看法。由於這一缺點，當代的馬克思主義已陷入普遍的貧血症，並成爲「無人性的對人之看法」㉞。因此沙特認爲存在主義本來已經是一種「完蛋的、已經過時的文化型態」㉟。馬克思主義如果有一天把存在設計的理論吸收進去，那末存在主義就失去繼續生存下去的理由。但是由於這一夢想中的日子還沒有到，所以沙特還是繼續打著存在主義的旗子㊱。

口頭上，沙特雖然聲稱反對「冰結的馬克思」主義，實際上他却支持最走極端、最專橫而無視於人性的毛澤東主義。民國五十九年六月間，沙特居然曾親自推銷法國政府所取締的擁毛派雜誌，甚至不惜進入監獄。

十一、尾聲

細細分析沙特的思想，我們會覺得他所標榜的「現象學存有論」，陣容委實非常薄弱，他所

㉜ 同上，二一——二三頁。
㉝ 同上，二七頁。
㉞ 同上，一七八——一七九頁。
㉟ 同上，沙特序言，xxxiii 頁。
㊱ 同上，一八一頁。

關心的是人，而非存有。他所最拿手的，無寧是有關空無、設計、抉擇那些題材，而以自由爲中心。假使讀者尙未忘懷於形象與背景那一套，就會體味到沙特所說的自由，祇是士林哲學所說「可無可有的自由」（libertas indifferentiae）㊲，亦卽多瑪斯・亞奎那所云，自由所摒絕的，是「力量被限於一件事物」（excludit determinationem virtutis ad unum）㊳。沙特之強調這點，固無可厚非；他的錯誤在於從「可無可有的自由」這件事實，結論到倫理的自由，其推理方式如下：既然我有能力把一切「空無化」，把注意力集中到任何一點，既然我能够做我要做的選擇，所以我在倫理方面絕對自由，不受任何規律限制，我是我自己的規律。沙特沒有分淸，「空無化」、任意轉變注意，以及隨意選擇的能力，屬於「可有可無的自由」；倫理自由則是不受道德規律限制。這兩種自由完全不同，而沙特混爲一談。譬如，就第一種意義來說，任何人都有殺人或不殺人的能力，因此有殺人或不殺人的自由；就第二種意義來說，我人並沒有殺人的倫理自由。當然，這裏我們無法細談道德規律的起源問題，我們祇願意指出，同意第一種自由，並不等於同意第二種：殺人的例子已非常明顯。

當然，對自己的行爲完全負責，以及知其不可爲而爲之的薛西弗斯精神，會激發一種英雄氣

㊲ Carolus Boyer: *Cursus Philosophiae*, Vol. alterum, Desclée de Erouwer, Bruges 1962, 140-114.

㊳ S. Thomas de Aquino: *Summa contra gentiles*, Marietti, Torino-Roma, 1934, lib. 1. cap. 68, pag. 64.

概，因此引起我國許多讀者的共鳴。但這祇屬於詩意的感興，而非理智的瞭解。沙特的「不受任何規律限制」「自己選擇創造價值」的理論，可能是受尼采影響；對此，我們在這裏也無暇深論。但沙氏從「自由選擇能力」引伸出道德規律的全部否定，總是一項推理上的不嚴肅和錯誤。

我們覺得遺憾的，是缺乏沙特一九六〇年以後的資料。聊可彌補這一缺陷的，是尚松一九六五年再版的「沙特思想與道德問題」一書的後記（Postface 1965），以及沙特一九六四年發表的「自傳」。他在七十年代則似乎越來越向左轉。他自己一味追求自由，却又幫極左的毛派去埋葬別人的自由，這實在是沙特一生及其思想的最大諷刺。

捌　主張共融的馬賽爾

二十世紀上半期盛行於世的存在思想，大家公認發軔於德國的雅士培與海德格。一般人都不太注意，甚至根本不曾想到法國哲學家馬賽爾；其實馬氏的重要哲學著作「形上日記」早已於一九二七年問世，恰和海德格的「存有與時間」同年。這兩本「經典」著作不但於同年出版，所討論的問題也往往不謀而合。馬氏的一篇重要文字「存在與客觀性」則發表於一九二五年。然而，馬賽爾的名氣却遠遠落在海德格與雅士培後面。卽在故鄉法國，馬氏的聲譽也被後起之秀沙特壓倒。馬、沙二氏都經歷了戰事所造成之人世的悲歡離合，對人生的悲劇性有深刻的感受；二人都是成功的劇作家和第一流思想家。可是，馬氏在法國雖然早已稍有名氣，却始終不曾像沙特一般獲得廣大羣眾支持。這其中的前因後果實在很難弄清楚。可能是因爲馬賽爾哲學缺乏沙特的煽動性。馬氏自已雖不喜歡人家稱他爲存在主義者，但他之強調個人的主體性，實在非常接近齊克果、雅士培、海德格等的存在思潮。由於他的思想和基督信仰非常接近，所以也有人稱之爲「基督徒存在主義」❶。

一、生平簡介

加布里埃・馬賽爾（Gabriel Marcel）一八八九年十二月七日誕生於巴黎。父親是高級知識份子和從政者，曾任國家顧問、法國駐瑞典公使、美術博物館館長、國立圖書館館長、國立博物院院長等職。四歲時喪母，父親娶前妻的姊妹爲繼室。加布里埃・馬賽爾遂由姨母撫養成人❷。繼母沒有自己的子女，作爲獨子的馬氏因此成爲父母和外祖母的唯一關心對象。那種無微不至的愛護與過分關切，反使他的童年時代痛苦非凡，他稍感不舒服，學校裏功課的好壞，都成爲家庭中的大事。他的父母過去都是最優等的學生，所以難免對他期望過高。他感覺到自己時時刻刻被監視、甚至被偵視。這一切使他的童年時代過度緊張，有時達到不可忍受的程度❸。

母親在他四歲時就驟然離世，這件事對他的童年、甚至對他整個一生都發生了極深刻的影

❶ Étienne Gilson (éd): *Existentialisme Chrétien*: Gabriel Marcel, Plon, Paris 1947.

❷ Gabriel Marcel: *Regard en Arrière*, dans le volume: Gilson, *Existentialisme chrétien*, 293; Roger Troisfontaines: *La Notion de Présence chez Gabriel Marcel*, dans le même volume, 205.

❸ Gabriel Marcel: *Regard en Arrière*, 301.

響。繼母雖然也極愛他，但親生之母始終「親臨」他的心底，馬氏甚至猜想，他思想中的可見事物與不可見事物之間的對峙，大約卽前後二位母親所形成[4]。

一九一〇年，馬賽爾經國家考試獲取高中任教資格（agrégé）。但他祇斷斷續續地教了幾年書：一九一二年在王同（Vendôme）、一九一五——一八在巴黎、一九一九——二二在桑斯（Sens），以及第二次大戰時期一九三九——四〇於巴黎、一九四一年於蒙伯利埃（Montpellier）[5]。馬氏在大學裏並未任敎過。但據一位曾在巴黎求學的法國朋友說，馬氏却不時在法國公學（College de France）授課。這所謂法國公學並不是一所學校，而是法國政府出資的特殊學術機構，讓出類拔萃的學者有發表己見的機會；譬如柏格森就曾在這裏講學。據那位法國朋友說，他在巴黎時常於一公共汽車站和馬賽爾相遇，可見馬氏生活樸素的一斑。

馬賽爾一生中，祇於短時期有過固定職業，大半時間都用到寫作和研究上。他寫作的範圍包括文藝批評、戲劇、哲學著作。除文藝、戲劇、哲學以外，他還喜歡研究心理學。事實上，他的戲劇隨處都在努力探索人們的隱匿動機。這以外，馬賽爾非常愛好音樂：從少年時代開始，他每天在鋼琴鍵盤上卽興作曲，往往一坐就是兩三點鐘；可惜因技巧不够，從未寫成樂譜。一九四五年八月開始，他習於替他喜歡的詩句作曲。本文作者曾嘗試彈奏馬氏作曲的「副身」（Le Dou-

---

[4] G. Marcel: op. cit. 303.

[5] Roger Troisfontaines: *La Notion de Présence*, 205.

ble）這一旋律，覺得它頗表示出沉思，有些塞撒・夫郎克（César Frank）的風味，但半音太多。馬氏的音樂天賦對他是很大的幫助：戰時太沉悶，他無法工作，往往就彈幾小時鋼琴。寫劇本時，他往往先「聽到」角色們講話的聲音，以後再想像他們的臉❻。

對於父親和繼母的人生態度，馬氏作了相當詳盡的敍述。父親幼時受的是天主教教育，但很快就沉浸在十九世紀末期的不可知主義浪潮中：泰納、斯賓塞、勒囊（Taine, Spencer, Renan；後者一般音譯爲勒南，不合法文發音方式）變成了他的精神食糧。繼母出身於一個沒有宗教信仰的猶太家庭，以後皈依幾乎已沒有教義內容的自由派基督新教。父母二人對宗教的共同基本態度是不可知論；但父親同時是一個齊克果所說的審美主義者。母親則是道德主義者。馬賽爾對雙親的不可知論所造成的氣氛自始就感到不自在。他的這一感受完全是自發的，並非由於他從同學口中探究過有關宗教的奧秘。他自承當時對新教各派尙無惡感，但對天主教却成見極深，以爲祇有「很多愚魯與深深的僞善」纔能使人保持天主教籍❼。

對天主教的成見卻並未阻止馬賽爾繼續研究宗教問題，馬氏從幼年時期開始似乎就是尼采的反面：尼采擺脫掉過份熱中的基督教家庭而走向無神主義，馬賽爾却在無宗教氣氛中感到窒息而走向神和宗教。大學時期，他計劃寫一篇博士論文，大旨討論：「密契的哲學基礎」（les Fon-

---

❻ R. Troisfontaines: *La Notion de Présence*, 205, 211; G. Marcl: *Regard en Arrière*, 321-324.

❼ G. Marcel: *Regard en Arrière*, 321-4.

dements philosophiques du mysticisme，這裏把 mysticisme 譯爲密契，而不譯爲神秘主義，是因爲本文作者覺得這裏的抽象名詞是代表具體的密契生活）。結果這篇博士論文雖沒有寫成，但馬賽爾的全部著作都向著這一方向走❽。無論是劇本或哲學著作，都以宗教問題爲中心。馬氏最早的二個劇本是「恩寵」（La Grâce，完成於一九一一年三、四月間）和「沙土之宮」（Le Palais de Sable，執筆於一九一三年八九月間），這兩個劇本就以皈依宗教和有意做修女而被阻的少女爲主題❾。當時馬賽爾還是二十幾歲的青年，而且並未加入任何宗教團體。

馬賽爾對宗教的追究並非輕而易舉的事。由於他對神尚未獲得親身經驗，所以他的興趣也逐漸消沉下去，而把全副精力用在文藝批評或戲劇上去。一次他批評了毛里亞克（Mauriac）的「神與金錢」以後，收到了毛氏的信，信中一句話特別吸引了他的注意：「但是，既然如此，爲什麼您不屬於我們呢？」那是一九二九年二月二十五日下午。這幾句話對馬賽爾正如同閃電一般：他覺得透過這封信「神自己已直接向我作了邀請」❿。二月廿八日，他在「形上日記」中寫著：「我同時又怕又切望約定我自己」。三月五日又說：「我不再懷疑。這一早晨，奇蹟似的幸福。我第一次清楚地經驗到恩寵。這是些驚人的話，但却是眞的。我終於被基督信仰所包圍；我沉浸

❽ Étienne Gilson: *Un Exemple*, présentation au volume "*Existentialisme Chrétien*", 8.
❾ Vincent P. Miceli: 馬賽爾的超越戲劇(一)，現代學苑第二期（一九六五），三四七——三五〇頁。
❿ Vincent P. Miceli: *Ascent to Being-Gabriel Marcel's Philosophy of Commuion*, Descl ee, New York 1965, 5-6.

在裏面。幸福的沉浸！」於是，他在三月廿三日接受了洗禮，心境旣平靜又均衡，充滿希望與信心[11]。從此，馬賽爾成爲忠誠的天主敎徒。

我人應當注意的一點是：馬賽爾的哲學並不起源於他的宗敎信仰，而是他的哲學思考把他帶入宗敎。加入天主敎也絲毫不影響到他的哲學思考：事實上，他始終不曾接受敎會所「欽定」的多瑪斯哲學，而他對某些問題——例如節育所持的態度，也顯然與敎會不同。

馬賽爾曾赴英國、美國和日本講學。於一九七三年十月初逝世。

二、重要著作

上面已說起馬賽爾一身兼劇作家、哲學家雙重資格。馬氏非常重視自己的戲劇，對那些祇視他爲哲學家的人，往往會發出「買櫝還珠」的感慨。所以我們先談他的戲劇，以後再講哲學著作。

戲劇　馬賽爾長於想像力，這是他成爲劇作家的現成資本；這一特長，馬氏受之於他的父親。然而，促使他寫劇本的動機之一，倒是因爲他要避免孤獨。上文已說過，他是獨子，沒有兄弟姊妹可以談話；劇中的人物就作了代替品，馬賽爾不息地和這些人物對話[12]。

---

[11] Gabriel Marcel: *Être et Avoir*, Aubier Montaigne, Paris 1935, 16–17, 30.

[12] G. Marcel: *Regard en Arrière*, 296.

當代知名的劇作家兼哲學家，除去馬賽爾以外，自捨沙特莫屬。但沙特的戲劇——小說亦然——完全從屬於哲學思想，以表達哲學思想爲目的。馬賽爾却一再聲明自己首先是劇作家，其次纔是哲學家；不注意他的戲劇而祇討論他的哲學，馬氏認爲註定會失敗⑬。本文作者閱讀了他的五個劇本以後，覺得他的話並非子虛。據對他很接近的法國學者三泉氏（R. Troisfontaines）所云：馬氏的戲劇並不預先指定要發揮某種哲學思想，而是聽劇中的人物自然發展下去。馬氏寫劇本的出發點是他由生活經驗而想像出來的具體人物，這些人物往往會陷入錯綜複雜的困境之中。馬氏自己也未必知道劇中人物會有如何結局。因此他寫作時不免焦急如焚：「我的人物將會成爲什麼呢？能否從這境況中找到出路呢？」正因如此，我們可以從戲劇中發現馬賽爾的中心思想，和他做人的基本態度⑭。

上面已提起馬氏最早完成的兩個劇本，發表於一九一四年。根據方才說起的三泉氏，馬賽爾截至一九四七年爲止，一共發表了十六個劇本，分別在五處出版，共十三册；其中最先一册稱爲「無形的門檻」（Le Seuil Invisible），包括「恩寵」「沙土之宮」二個劇本，另外一册有三個劇本，其餘都是每册一個劇本。一九四七年以後發表的，有「間諜」、「十字架的記號」、「我的時間不是你們的時間」、「貪吝的心」、「羅馬不在羅馬內」、「你們生長繁殖吧」等等⑮。

---

⑬ V.P. Miceli: *Ascent to Being*, 142.

⑭ R. Troisfontaines: *La Notion de Présence*, 210, 212-3.

⑮ G. Marcel: *Croissez et Multipliez*, Plon, Paris 1955.

就我自己閱讀馬賽爾劇本的感受，我覺得他的中心問題除去宗教以外，頗側重我人對自己及他人的瞭解而打破「自欺」。劇中人物往往自己也不理解自己行動的眞動機。例如「上主的人」四幕劇（Un homme de Dieu, 1922）中的牧師寬恕了犯姦的妻子。這事以後他心安理得地渡過了二十年的時間。最後才發覺他並非因仁愛寬恕了他的太太，而是因爲怕醜聞傳佈出去，對他的身份不利，同時也因爲他懼怕孤獨。牧師認淸自己自私的眞面目以後，已瀕臨絕望邊緣，想要自殺。但因老百姓信賴他、需要他，還能把持自己。他知道老百姓對他的信賴基於一種錯覺，以爲他是了不起的聖者。終於他祇好向至高者呼籲，因爲唯有在祂眼中，人纔能「一如所是地被認識」。四幕劇也就以牧師的這句話終結⑯。「山巓之路」（Le chemin de crête 1936）中的雅麗亞納（Ariane）對自己丈夫的情婦態度非常友善，但劇情終結時，讀者或觀劇者會發覺，雅麗亞納內心中充滿妬意，友善是僞裝的：骨子裏她在設法使她的丈夫和情婦分散，同時在自己和別人眼中，她又要「顯得像一個女英豪和聖者」⑰。「恩寵」「沙土之宮」「間諜」等劇本中的人物也都在追求內心的眞實。馬賽爾的這一傾向，大約是受心理分析的影響。

除去內心的眞實以外，馬賽爾戲劇的最重要主題大約應算宗教了，但他所要的宗教並不是社

---

⑯ G. Marcel: *Three Plays*, Hill and Wang, New York 1965, 83, 114; *La Dignité Humaine* Aubier-Montaigne, Paris 1964, 114-6.

⑰ G. Marcel: *Three Plays*, 211. 可參看此書中譯本：隔離與溝通，先知出版社，民國六十四年（目下已絕版）。

會上的習尚，而是每人內心和神的交往。他深惡痛嫉「沙土之宮」中所描寫的無實質的虛僞宗教態度。馬賽爾在同一劇本中，似乎也認爲：失去對神的交往以後，人與人之間會失去連繫⑱。在「十字架的記號」三幕劇中，馬氏揭示出痛苦的淨化作用，它使猶太人從偏狹的民族優秀感中解脫出來⑲。在「你們生長繁殖吧」四幕劇中，馬賽爾對天主教當時的觀點提出異議：他借一位對音樂有特長的年輕太太的口，說出了女人不應淪爲生育機器的見解⑳。這一見解在梵蒂岡第二次大公會議以後，已大致爲天主教所接受。

據馬賽爾自述，戲劇中把人物當作主體看的思考方式，替他的哲學思想作了準備。馬氏自承，到一九三〇年左右，他在哲學思考中才開始強調主體性㉑。馬氏戲劇和哲學思想之間的密切關係，於此又得到了強有力的佐證。

哲學著作　馬賽爾的哲學著作中，「形上日記」無疑地應佔首席。依琪爾松所云：其他著作不過是「形上日記」的繼續而已㉒。此書發表於一九二七年，但執筆開始是在第一次歐戰前夕一九一四年一月一日，到那年五月六日爲止，是「形上日記」的第一部份。這一段時間，馬氏頗受

⑱ 米且里：馬賽爾的超越戲劇㈠，現代學苑第二卷，第九期，三五〇頁。
⑲ G. Marcel: *Le Signe de la Croix*, Plon, Paris 1961.
⑳ 米且里：馬賽爾的超越戲劇㈢，現代學苑第三卷（一九六六），第二期，七五頁。
㉑ G. Marcel: *Croissez et Multipliez*, 182, 195, 208.
㉒ G. Marcel: *Régard en Arrièra*, 297.
Étienne Gilson: *Un Exemple*, 1.

黑格爾弟子英哲柏得利（F. H. Bradley 1846–1924）影響，同時又在反對他㉓。柏得利認為感性經驗就包含無限的「絕對認識」，而我人的個性不過是這「絕對認識」的部份表顯。一九一四年歐戰發生以後，八月間，沙勿略・雷翁（Xavier Léon）請馬氏代替他主持紅十字會的情報中心，這一情報中心的使命是調查失蹤者的消息。直至一九一八年戰爭終止，馬賽爾替千千萬萬的軍人家屬提供了情報：有的受傷，大部份陣亡。在這種悲慘情況下，馬賽爾說每一張卡片已不代表抽象的觀念，而代表有血有肉的個人㉔。這一經驗使「形上日記」的第二部份更接近人生。馬氏在一九一五年九月十五日開始這第二部份，而於一九二三年五月廿四日結束。

「形上日記」有一篇以「存在與客觀性」（Existence et objectivité）為題的附錄。這篇文字，原發表於一九二五年的「形上學與倫理學雜誌」（Revue de Métaphysique et de Morale）。據馬賽爾自己說，這篇文字把個別存在與客觀性劃分清楚，因此極其重要。

第一部重要哲學著作發表以後，馬賽爾繼續寫他的「形上日記」。他把一九二八至一九三三年之間所寫的「日記」合併起來，再加上三篇有關宗教與信仰的文字，成為第二冊哲學著作，而以「**是與有**」（一九三五）為題。這些日記中，有馬賽爾皈依天主教經過的敘述㉕。

㉓ G. Marcel: *Journal Métaphysique*, Gallimard, Paris 1927, ix.

㉔ G. Marcel: *Regard en Arrière*, 312-3.

㉕ G. Marcel: *Être et Avoir*, *Aubier-Montaigne*, Paris 1935. 此書已由陸達誠譯為中文：是與有，臺灣商務印書館，臺北市，民國七十二年初版。

這以後，馬賽爾陸續發表「**從拒絕到呼籲**」（一九四〇）[26]、「**旅途之人**」（一九四四）[27]二書。「從拒絕到呼籲」中以「創造性的忠實」一章爲最重要，「旅途之人」的主要題材是絕望與希望。

一九四九與一九五〇年，馬氏應邀赴英國講學，把講稿整理成書，稱爲「**存有的奧秘**」（一九五一）[28]。一九六一年，他又應哈佛爾大學邀請主持「威廉·詹姆斯講座」（The William James Lectures），以後發表講稿，稱爲「**人的尊嚴**」（一九六四）[29]。這兩本書都比較系統化，參考比較方便。馬氏的「**有問題的人**」[30]則發表於一九五五年。「有問題的人」格外指出「不安」是人性的一種特色。

三、基本經驗與影響馬氏的思想家

很奇怪，馬賽爾的生活經驗一部份頗與沙特相似，那就是孤獨——他們二人都是獨子。馬賽

[26] G. Marcel: *Du Refus à l'Invocation*, Gallimard, Paris 1948.
[27] G. Marcel: *Homo Viator*, Aubier-Montaigne, Paris 1947.
[28] G. Marcel: *The Mystery of Being*, 2 volumes, Gateway edition, Henry Regnery, Chhicago 1960.
[29] G. Marcel: *La Dignité Humaine*, Aubier-Montaigne, Paris 1964.
[30] G. Marcel: *Problematic Man*, Herder and Herder, New York 1967.

爾甚至說：「祇有一種痛苦，就是孤獨」（這是一個劇本中的一句話，參考 Le Coeur des Autres, Grasset Paris 1921, p. 111.）。由於他切身體味到孤獨的痛苦，因此他的基本問題是脫離孤獨。而造成孤獨的最大原因，馬賽爾認為是人與人之間的隔離；因此他主張人與人之間應當彼此開放。所以他的口頭禪是「主體際性」（intersubjectivity）和共融（Communion）[31]。「主體際性」一語以後曾為沙特所剽取。馬賽爾和沙特却有基本的不同：沙氏把隔離的經驗弄成最高原則：於是人與人及人與宇宙之間失去了溝通的基礎，「主體際性」變成很偶然很勉強的一件事。馬氏却認為人與人及萬物之間有一種神妙的聯繫，那就是存有的奧秘，因此「主體際性」是一項基本事實。

馬賽爾覺得，卡繆在「異鄉人」中和沙特在「閉著的門」（一稱「沒有出路」）中所表現的絕望，都由於他們替自己劃了界限所致：他們的時間是封閉的。這樣的絕望使人中毒，覺得人生在世如在監獄一般，一切都是荒謬而無意義，對生命感到「噁心」厭煩。馬賽爾承認，他自己也有過類似的誘惑：在生命的某些考驗情況下，我人往往會替自己築起一道藩籬，過此以往就不再寄以希望。例如病人相信幾個月以後會痊癒；日期一過尚未痊癒，精神就全部崩潰。以這樣的心境去看未來，會覺得一切都是「無意義的機械式的重覆」。「這種失去生機的未來，對我和任何人都不再是未來，而是一種未來的空無」（un néant d'avenir）。但是透過人與人之間的瞭解、

[31] V.P. Miceli: *Ascent to Being*, 9, 15.

透過戲劇、透過音樂，馬賽爾意識到人有衝破藩籬的可能：人不應固步自封，局限於「封閉系統」中，而應當以「普遍的融通」爲目標，最後以「絕對的你」(Toi absolu) 爲支點[32]。

衝破藩籬達到「絕對的你」這一思想，頗與雅士培穿透「界限情況」達到「超越界」相似。馬賽爾承認「存有的奧秘」一書已從雅氏著作中獲得啟發[33]，但衝破局限達到「絕對的你」這一思想，却早已在閱讀雅士培著作以前發表的「形上日記」中可以見到[34]。

另一位馬賽爾所喜愛的哲學家是齊克果。齊氏因反對黑格爾的抽象觀念而強調「個人」的「存在」，馬賽爾也因反對黑格爾派柏得利的「絕對經驗」而發覺「主體」的重要性。馬氏的這項「發現」却並未受齊克果的影響。他在一九二五年撰寫「存在與客觀性」時，尚未閱讀齊克果的著作[35]。

對馬賽爾影響最深的思想家，却是柏格森 (Henri Bergson)。馬氏自承曾以「熱烈的興趣」在法國公學中聽過柏格森的課。柏氏和威廉·詹姆斯二人對宗教經驗的見解，無疑地已在馬賽爾思想中留下痕跡。二人以外，馬賽爾格外指出羅依斯 (Josiah Royce) 和何金 (W. Hocking) 二氏。後者的「神在人類經驗中的意義」(The Meaning of God in Human Experience) 一

---

[32] G. Marcel: *Homo Viator*, 61, 71, 80, 292, 212.
[33] G. Marcel: *The Philosophy of Existentialism*, Citadel, New York 1966, 5-6.
[34] G. Marcel: *Journal Métaphysique*, 136-7.
[35] G. Marcel: *The Philosophy of Existentialism*, 5.

書給馬賽爾的印象極深。因此馬氏把他的主要著作「形上日記」獻給柏格森及何金二人㊱。

四、主要思想簡介

本文作者在茫無頭緒的情況下，對馬氏著作的閱讀程序是如此：先由偶然看到「有問題的人」，繼而涉獵「旅途之人」；以後由識途「老馬」琪爾松筆下知道「形上日記」的重要性，潛心研讀了這本枯燥乏味的老書；也許因爲太心急，閱後始終不得要領。一直到讀了「人的尊嚴」以後，始知這才是最先必讀的入門書。上面曾說起，這是馬賽爾一九六一年哈佛爾大學講學的結晶，是他深思熟慮的晚年之作。由於講學的需要，馬氏在這二百餘頁的小型書中，必須把他的基本思想濃縮成九個講題，所以比較有系統，容易使人把握到他的中心思想。雖然濃縮，可是這本書一點不枯燥，因爲馬賽爾不時引用戲劇中的具體「存在」情況和對話，使讀者瞭解他的眞意所在。這本書的講述方式更證明了戲劇對馬賽爾思想的重要性。

然而我馬上要告訴讀者，要把馬賽爾思想整理出頭緒來並非易事。馬氏似乎也曾承認自己沒有系統化的天才，他的特長是在具體情況中找出「存有的奧秘」來，因此很難捉摸到他的思想要點。現在我們試勉爲其難。

㊱ G. Marcel: *La Dignité Humaine*, 13-15. 此書最重要部份已有中譯：人性尊嚴的存在背景，臺北市，問學出版社，民國六十八年。

(一)抽象與對象

上面說過，馬賽爾的基本經驗是孤獨和隔離。他覺得現代世界中的隔離日益加深，而抽象觀念和對象思想是造成隔離的原因。馬氏以拉丁文 objectum 的字源來解釋「對象」一詞，即「放在前面」的事物。「一想起對象，就會想一種與我無關的東西（Penser l'objet, c'est……penser quelque chose pour quoi je ne compte pas）；當我想它與我有關係時，就不把它當對象看[37]。抽象觀念則使我們忘記眞正的個別存有，使我們不能理解個別的人，在人與人之間掘了一道鴻溝。爲了表達這層意思，馬賽爾替我們舉出一九三七年所寫的一個劇本作爲具體例證。劇本中的歐斯達許（Eustache）出身於貧窮的家庭中，而與一富家女佩雅替麗絲（Béatrice）結婚。歐斯達許自以爲此舉背叛了無產階級，與中產階級勾結。他的一位德國朋友韋納（Werner）是位歌唱家，最不喜歡替人戴帽子，他覺得人就是人，什麼階級、民族都是抽象的字，眞正重要的是普遍人性。劇情演變結果，歐斯達許竟爲了抽象的「階級」一詞出賣了他的朋友韋納——一個有血肉的眞實存有。馬賽爾深惡痛疾這種抽象精神，目之爲痲瘋病；他借劇本中韋納的口說出下面的話：「我怕痲瘋病院將在地球上蔓延」。馬賽爾心目中的痲瘋病院，是失去人性的共產國家和任何其他不重視人的社會[38]。

---

[37] G. Marcel: *Jounal Métaphysique*. p. 223, 254; *The Mystery of Being* (II), p. 57.

[38] G. Marcel: *La Dignité Humaine*, 153-165.

(二)佔有與自欺

使人隔離的另外兩個因素是佔有與自欺。在一九二三年三月十六日的一則「形上日記」中，馬賽爾對「有」作如下解釋：所「有」之物，明顯地有某種外在性㊴，它本來不屬於我自身；所「有」的東西是一種「對象」。佔有是「有」的一種方式，但佔有往往同時是被佔有：我們被佔有慾所佔有而不自覺。我們把別人當作「對象」想要佔有時，就是自私，不自覺的自私造成自欺。自欺的具體例子，上面在介紹馬氏劇作時已提到兩個，即「上主的人」和「山巔之路」；這裏我們再說一說「靈堂」（La chapelle ardente）三幕劇。這發表於一九三一年的「靈堂」是馬賽爾的得意之作：他認爲沙特在「存有與空無」中對「自欺」所作的分析，「靈堂」於二十年以前早已具體表顯出來。故事發生於第一次大戰後的一九二〇年：雅利納（Aline）戰時失去了她的愛子雷蒙（Raymond），她在心的深處似乎替他設了一個靈堂，以爲雷蒙的未婚妻蜜籟月（Mireille）應當替他守寡。蜜籟月却在高爾夫球場愛上了一個壯健的男子。於是雅利納千方百計說服她，叫她嫁給另一個患了不治的心臟病的安德（André）；因爲這病弱的安德不會攫奪蜜籟月心頭中對雷蒙的記憶。雅利納用巧計使蜜籟月相信，自已嫁給安德是甘心情願的，是一件好事；其實一切都不過是爲滿足雅利納「靈堂」的要求。歸根結底，死去的雷蒙已成爲雅利納的偶

㊴ G. Marcel: *Journal Métaphysique*, 301.

像，而這偶像完全和她自己同化。她在自欺欺人，自以爲全心愛兒子，實際上却是自私，而蜜籟月則成爲她的犧牲品㊵。

避免自欺的正面是忠於自己，所謂忠於自己，就是忠於自己的許諾、信仰和約定：「我祇能忠於對我自己的約定，就是忠於自己」（Je ne puis être fidèle qu'à mon propre engagement, c'est-à-dire…, à moi-même）㊶。在馬賽爾思想中，「忠信」佔非常重要的地位，它是馬氏走向「存有」的跳腳板。忠於自己就是「存在的」眞實性，反之就是「存在的」亦即行爲的謊言（mensonge des actes）——自欺㊷。上面曾提到「你們生長繁殖吧」劇本，裏面的一句話足以代表馬賽爾這方面的見解。劇中女主角雅聶斯（Agnès）愛上她的表兄布呂諾（Bruno），但她自己是有夫之婦，而表兄是道明會神父。雅聶斯希望彼此像兒時一般以「你」相稱，而不要用表示疏遠的「您」。布呂諾正色對她說，他們之間現在已經有一條鴻溝：「僞裝回到以前的時日，把我們置身於我們——您與我——已經接受的絕對誓約外面，那就是同時逃避生命和眞理……」㊸。

㈢存有主體與存在

㊵ G. Marcel: *Three Plays*, 261-6; *La Dignité Humaine*, 138-142.
㊶ G. Marcel: *Etre et Avoir*, 58.
㊷ 同書，七六頁。
㊸ G. Marcel: *Croissez et Multipliez*, 84-85.

馬賽爾於一九二九年的一則「形上日記」中說：「論存有作爲忠信的落腳處。……走向存有論之路。不忠的本身就是惡」。

馬氏的出發點是：「我怎麼能够許諾——約定我的未來？」他認爲這是一個形上問題。今天我做了許諾，明天我可能不再喜歡執行諾言，因爲我始終在變化（devenir）；因此紀德（André Gide）以爲我人不應限定自己，他以爲每時每刻做我們興之所至的事，生命纔可算是純眞的（sincérité）。馬賽爾反對這一看法，他主張有「絕對的許諾」，而這許諾以「全部的我」（la totalité de moi-même）和「全部存有」（la totalité de l'être）爲基礎。換言之，我除去會變化的一面以外，還有不變的甚至永恆的「存有」一面。這樣，從忠信做出發點，馬賽爾肯定了存有，並且肯定了最高存有——神㊹。

但是我們馬上要回到馬賽爾肯定存有的出發點，否則很容易走入迷津。我應當忠於我的諾言和誓約，因爲我是不變的「存有」。馬賽爾在這裏也如同海德格一般，從我的存有做出發點去研討存有。我是什麼呢？馬賽爾覺得我不能和我的過去脫離：「我是我的過去」（Je suis mon passé）；我不能把我的過去視若客體——對象，我的過去屬於我自己，它是主體而非客體。馬賽爾這裏所持的態度和沙特完全不同；沙特祇以此時此刻的我當作「爲己」，我的過去則被列入「在己」，卽被當作客體。因此沙特認爲我人祇對此時此刻的抉擇負全責，不能對過去負責。馬

㊹ G. Marcel: *Être et Avoir*, p. 61-62, 63-76.

賽爾則確認我的過去和現在同屬一個主體，因此應忠於諾言和誓約㊺。這連繫現在和過去的主體，馬氏稱之爲存有，以別於變化。當然，這所謂存有，並非一般形上學所云抽象的普遍存有，而是具體的存有。存有雖是有別於變化的不變者，但卻不是靜態的，而是有歷史和發展的㊻。這樣說來，存有當然不能與主體性分開，存有祇能够以個別存在者的方式出現。那麼存在又是什麼呢？

「存在與客觀性」是專門討論這個問題的一篇文字。當我把事物作爲與我無關的對象看時（l'objet comme tel），我們使它成爲孤島（insularité）。其實，事物和我直接發生關係，事物「親臨」於觀察者（l'objet est présent à celui qui le considère），這一「親臨」直接揭示出事物的存在。由「親臨」所揭示的存在，馬賽爾認爲無可置疑，至於客觀實在性則是另一問題㊼。因此他自稱他的看法爲「存在的實在論」。這一態度頗與海德格相近。

馬賽爾所說的存在，似乎不像齊克果、海德格、雅士培等一般，未必非指人的存在不可，也可以指事物的存在。但存在的事物必須「親臨」於主體，和主體發生直接的關係，而不是與主體無關的「孤島」。

㊺ G. Marcel, *Journal Métaphysique*, pp. 242-3.

㊻ G. Marcel: *Être et Avoir*, pp. 173-4.

㊼ G. Marcel: *Journal Métaphysique*, 309-312; *La Dignité Humaine*, 8.

至於「主體」這個概念，則是馬賽爾思想的樞紐。主體必須是個別的、自由的、對自己的存在詢問自己的存有（un être qui s'interroge sur sa propre existence），它是信仰和恩寵的基礎[48]，它就是布隆得（Maurice Blondel）所說的「思想著的思想」（la pansé pensante）[49]。馬賽爾之所以反對抽象化和對象化，就是因爲他怕主體會被堙沒。分享與共融等等，都是闡釋主體這一基本思想。

四分享與共融

在「有問題的人」一書中，馬賽爾指出人的兩種不安狀況：一種是基於人天性的不安，因爲人原是有限的「旅人」，他很自然地有「較低存有向更高存有發展的願望」（英譯作：The aspiration of a minus-being towards a plus-being），這一願望使心靈與「恩寵」相遇；另一種不安則是心靈因犯罪或病態而產生的各種混亂情況[50]。前一種不安狀況表示出人不是孤獨的，而是向著另一實在開放，人與這另一實在有某種主體性的交往[51]，馬賽爾稱這一交往爲「分享」（participation），分享的雙方都不能視對方爲客體，其最基本事實是「成爲肉體」，即我

[48] G. Marcel: *Journal Métaphysique*, 41, 54, 320.
[49] G. Marcel: *La Dignité Humaine*, 41.
[50] G. Marcel: *Problematic Man*, 143, 86, 89.
[51] G. Marcel: *Du Refus à l'Invocation*, 117-9.

人與肉體相連之存有情況（L'incarnation, situation d'un être qui s'apparait comme lié à un corps）。我人對肉體可能表現「是」與「有」二種態度：前者把肉體當作主體：「我就是我的肉體」；後者則把肉體當作可以隨意處置、研究的「對象」「客體」或所有物㉜。馬賽爾認爲我對肉體所應有的準確態度是「分享」：我不能說我利用肉體，充其量可以說我的肉體利用我的肉體；我既不能說我「祇是」肉體而無靈魂，同時又不能和肉體分離。說我祇是肉體而把我和它同化（identification），或者把我和肉體分離，都是把肉體當作客體㉝。我祇能視肉體爲主體，肉體就是我，我對肉體的關係祇能是分享關係。

透過我的肉體，我分享其他事物，甚至分享整個宇宙（participation à l'univers）㉞。我越能够脫離以自我爲中心的監獄，就越能够分享存有的充實㉟。存有就是「被滿足的等候」（L'être, c'est l'attente comblée）：生命往往感到空虛而絲毫不重要，但我人的幸福、愛、啟發（bonheur, amour, inspiration）都需要存有來充實（plénitude de l'être），否則就會空虛

㉜ G. Marcel: *La Dignité Humaine*, 132; *Être et Avoir*, 11-12.
㉝ G. Marcel: *Journal Métaphysique*, 322-25; *Du Refus* etc. 31.
㉞ G. Marcel: *Du Refus á l'Invocation*, 35; *Journal Métaphysique*, 313-4, 265: "mon corps est en sympathie avec les choses", "j'adhère réellement à tout ce qui existeà l'univers qui est le Mien et dont mon corps est le centre."
㉟ G. Marcel: *The Mystery of Being* (II), 38.

(vide) ⑯。上面已說過，馬賽爾把存有與變化對立，這裏他更進一步指稱存有不是一個問題（problème），而是深不可測的奧秘：「問題」是在我前面，不牽涉到我自身，奧秘則和我有密切的關係（où je me trouve engagé）⑰。馬賽爾對存有的態度頗有些像海德格，覺得無法三言兩語說淸究竟，祇能够設法描述。無論如何，馬賽爾的存有雖不能與「主體際性」視爲同義，但無疑地以之爲先決條件：我越意識到自己分享其他主體的生命，也越體會到存有的充實⑱。

這存有的充實如何實現呢？馬賽爾以下面的具體實例來說明。他說他往往把自己弄成一個圖書室或博物館，和別人談話時，就像要把別人編入這圖書室或博物館內。這時別人對我來說是「他」，是一個客體，我對別人也是一樣；我和他彼此是外人。但如我和他之間開始有了共同經驗、共同關係和共同興趣，這時我對他已成爲「你」，他也以「你」對待我。這時我與他都不再是客體，而是「共同存有」的主體。我們之間相遇了、親臨了、共融了（communion）⑲。

共融思想和馬丁·布柏的「我與你」非常相似。但「我與你」一書於一九二三年出版⑳，馬賽爾在「形上日記」中談起我、你、他、共融等等，是在一九一九年二月廿四日。誠然，馬氏出

⑯ G. Marcel: *Journal Métaphysique*, 262.
⑰ G. Marcel: *La Dignité Humaine*, 111.
⑱ G. Marcel: *The Mystery of Being* (II), 18-9.
⑲ G. Marcel: *Du Refus à l' Invocation*, 49, 98-99; *Journal Métaphysique*. 170.
⑳ 劉順德：猶太存在主義思想家——馬丁·布柏，現代學苑第五卷（一九六八）第十期，三八七——三九〇頁。

版此書是在一九二七年；嚴格說來，誰也不能保證他不曾受過布柏的影響。但若干和這一主題有關的劇本，馬賽爾早已於一九一四年發表。

㈤忠信與希望

在討論「存有、主體與存在」時，上面曾說起存有能够在變化中保持不變。然而人與人之間的關係不能免於痛苦的考驗（épreuve），考驗就是對自由的呼叫，要我做一個「創造性的詮釋」（interprétation créatrice），使融通關係更加深入。答應考驗的呼召就是忠信（fidélité），而拒絕也就是不忠（trahison）。譬如痛苦可能使我祇想自己，使我孤立，但也能使我向著我以前所未想像到的別人的痛苦開放[61]。

因此馬賽爾主張開放，有自我奉獻的準備（disponibilité），而不以自我爲中心[62]，他又主張約定自己，並忠於約定。忠於誓約並不是墨守成規，而是創造了眞正的永恆的存有，不受時間變化的影響。因此馬賽爾有「創造性的忠信」（la fidélité créatrice）這一說法[63]。除去忠信以外，馬賽爾認爲希望是人的另一種基本經驗。上面曾說起，馬賽爾由於孤獨的痛

---

[61] G. Marcel: *Du Refus à l'Invocation*, 104-5.

[62] V.P. Miceli: *Ascent to Being*, 58-60.

[63] G. Marcel: *Du Refus à l'Invocation*, 192-225.

苦經驗而嚮往共享和共融，又從絕望的誘惑中達到希望。馬賽爾相信「希望之於靈魂，正如呼吸之對於生活的機體」一般重要，絕望等於自殺[64]。當深入融通經驗的心靈準備實行超越行爲時，就產生了希望；藉著希望，心靈肯定活生生的永恆性 (la pérennité vivante)。馬氏所說的超越行爲，是指跨越意志與認識之固有的能力：我明知自己意志與認識能力的限度，卻不受它的限制。因此他說：「希望是跨越不知的一種認識，但卻是一種摒絕一切狂妄自負 (présomption) 的認識，一種被授予被恩賜的認識，而不是以任何方式爭取到的認識」[65]。這裏馬氏講到恩賜，也就是神的恩賜。他以爲拒絕承認神的恩賜者，不可避免地會覺得此世荒謬無意義；他認爲沙特著作的功績之一，就是說明了這一點[66]。

言至此，馬賽爾把鋒頭指向信仰：「絕對的希望和絕對的信仰不可分，卽跨越任何條件……。這希望是被造之物對無限存有的一種答覆：被造之物意識到自己的一切都由無限者所賜予，因此對他不能下任何條件，否則卽有失身份。絕對的『你』旣以無限的俯就使我從空無中出來，當我以某種方式置身於無限的『你』前面時，我似乎已永遠禁止自己絕望……。事實上，在這一情況下絕望，難道不等於宣告神已從我身上退卻？這樣的控告不附合絕對的『你』身份……」[67]。

---

[64] G. Marcel: *Être et Avoir*, 117.
[65] G. Marcel: *Homo Viator*, 9-10.
[66] 同書，二五五頁。
[67] 同書，六三頁。

㈥旅途之人

馬賽爾的信仰與希望都以最高存有——絕對的「你」爲指歸。他以爲神的存在不能證明，因爲神不是我人經驗所及；我人祇能由跨越知識的希望和信仰達到。馬賽爾的想法大約如此：不相信絕對的『你』，那麼我們自己也不再是個別的主體，而淪爲對象[68]，成爲無意義，終必陷入絕望。但人性非希望不可，所以必須信仰絕對的「你」。唯有和其他以及絕對的「你」融通，我們才會得到幸福。

共融同時也包括愛，愛則要求永恆。愛一個人卽等於向他說：「至少你不會死」[69]。馬氏又說：「假使死亡是終極事實，那麼價值卽消失於純粹的不可理解之中，事實像是被擊中要害……，人的共融被擊中要害」[70]。因此，馬氏相信人有永恆的生命：「死亡是絕對希望的跳板。一個沒有死亡的世界中，希望也祇能以萌芽形式存在」[71]。換言之，死亡不但不應使我們絕望，反而使我們更相信永生。因此馬賽爾在「你們生長繁殖吧」一劇中再三重覆這句話：「眞的生命不在眼前」(la vraie vie est absente)[72]。人原來就是走向永恆的旅人。

---

[68] G. Marcel: *La Dignité Humain*, 171, 174-175; *Journal Mét.* 86.
[69] G. Marcel: *The Mystery of Being* (II), 171.
[70] G. Marcel: *Homo Viator*, 211.
[71] G. Marcel: *Être et Avoir*, 135.
[72] G. Marcel: *Croissez et Multipliez*, 61, 93.

馬賽爾相信：「如果人們不保持身在旅途中的尖銳意識，也許持久的世間和平不能重整」。他認爲，要想在此世建造永久居留之所，反會使世界永久秩序無法建立，反而使此世歸於毀滅[73]。

五、結語

馬賽爾哲學強調主體、人的主體際性、分享、共融、忠信，我想許多人都很容易接受，而且和我國傳統的仁不謀而合。馬氏與整個宇宙發生關係而不願受到局限的感覺，也與陸象山的名句暗合：「宇宙不曾限隔人，人自限隔宇宙」[74]。

至於他強調人在旅途和永恆生命等思想，可能不爲讀者所普遍接受。本書作者却相信，馬賽爾從人性的主觀要求而確認人有永恆生命，也未始非一條可行之路。動物的本能卽像一種天賦的認識：動物由牠們的內在衝動而體會到所需要而未經學習的認識[75]。我人可以想像，人對自己的終極目標，也可能有一種天賦的辨別能力。

---

[73] G. Marcel: *Homo Viator*, 214.
[74] 陸象山全集下册，民國四十八年臺北市世界書局印行，二五六頁。
[75] Adolf Portmann：動物對方向之辨別能力，現代學苑第七卷第五期，一九七——二〇〇頁。

玖　裴狄雅也夫與俄國的命運

一、引言

一九一七年俄國十月革命後，自願或被迫流亡國外的知識份子頗眾，其中不乏卓著成就的學者，全世界知名的社會學家素羅金即其中之一。本文主人翁原來也從事革命活動，但因政見與列寧枘鑿，不得已也走上流亡之途。對當時的布爾雪維克黨徒而言，流亡的知識份子已不足掛齒：儘管他們在國外著書立說、辦雜誌、搞組織，他們對鐵幕中的本國絲毫不發生影響。但是這一情況自從史達林過世以後，已有顯著的變化。蘇聯的「鐵幕」現在已經有了許多漏洞；蘇聯內部的情形既很難完全不讓世人知道，外界的思想也日益影響蘇聯老百姓；本文主人翁即其一例[1]。

[1] G. Batrsch 從列寧走向裴狄雅也夫，現代學苑月刊九卷六期，二五——二八頁。「從列寧走向裴狄雅也夫」的二則通訊，現代學苑月刊九卷八期，三二、三四頁。

我國出版界中，裴狄雅也夫（英文作 Nicolas Alexandrovich Berdyaev）的著作至少已有四種用中文出版，卽鄭學稼先生所譯的「俄羅斯共產主義之本原」、易陶天先生譯的「俄國思想史」、蔡英文譯的「奴役與自由」、及鄭聖冲譯的「人在現代世界中的命運」❷。依據巴爾澈先生的報導，現在俄國大學生對裴氏的著作如飢如渴，先睹爲快。要如巴爾澈先生分析準確的話。裴狄雅也夫的哲學思想不僅於目前爭取自由的革命中將佔一重要角色，而且在共產集權政體倒下去以後，仍將是未來新俄羅斯的重要哲學思想。假使裴氏思想眞能左右俄國未來的話，那末，裴氏對俄國所提供的解救方法，至少也可供我國參考；因爲，儘管我國情形與俄國不盡相同，但都已遭共產主義的荼毒，這一共同命運無形中使中俄二國產生了許多相同的問題。退一步說，我們也得注意目前對蘇聯青年知識份子發生吸引力的一種思想。

由於我國一般讀者對俄國的歷史及思想演變過程未必熟悉，所以本文先對這方面略作介紹，並指出幾位對我們比較有影響的俄國思想家；以後敍述裴狄雅也夫的生平與重要著作，最後剖析裴氏的思想。

❷ 貝爾查也夫（鄭學稼譯）：俄羅斯共產主義之本原，臺北市，中央文物供應社，民國四三年。
貝爾查也夫（易陶六譯）：俄國思想史，臺北市，政工幹部學校印行，民國五十四年。
「奴役與自由」由長鯨出版社出版，原作者姓被譯爲「貝德葉夫」。
鄭聖沖譯：人在現代世界中的命運，臺中市，光啓出版社，民國六十二年。

二、俄國歷史及思想背景

㈠歷史背景

俄國的歷史記載，似乎始於公元第九世紀末期：他們在八六〇年一度曾入侵君士坦丁堡。八八〇——九一二年間，奧烈格親王（Prince Oleg）使基輔（Kiev）成爲俄國的政治中心點。九五五年，一件對未來意義重大的事發生了，基輔的俄國女大公爵奧爾茄（Princess Olga）接受了基督信仰；以後富拉地彌爾王（九七八——一〇一五）採取了以君士坦丁堡宗主教爲首而行拜占庭禮的希臘東正教，並應用西利爾（Cyrill）所發明的斯拉夫字母❸。從此拜占庭式的基督宗教遂與俄國的精神生活結了不解之緣。隨著君士坦丁堡和羅馬一〇五四年的分裂，俄國教會也就站在拜占庭（即君士坦丁堡）一邊，和以羅馬爲首的西方教會絕緣。漸漸地俄國人認爲自己負有維護正統信仰的使命，尤其是當一四三九年君士坦丁堡和羅馬在裴倫翠會議中重修舊好以後。俄國教會人士當時開始對希臘正教發生懷疑，以爲唯有俄國教會握有基督的不二眞傳。這一理論於一四五三年以後尤受重視，因爲東正教的中心——君士坦丁堡於那年陷入回教徒土耳其人手中。從

❸ Thomas Ohm, *Wichtige Daten der Missionsgeschichte*, eine Zeittafel, Aschendorffsche Verlagsbuchhandlung, Münster Westf. 1961, 64.

此有人以爲莫斯科已成爲「第三羅馬」（君士坦丁堡一向被視爲第二羅馬），負有保存基督眞傳的天職。

東正教的傳統比較強調宗教熱忱，不像西方教會那樣重視理性。俄國人受到希臘正教影響，非常強調宗教苦行，簡直到了狂熱的地步。俄國人似乎一向有極端化的傾向：希臘教會雖也重視宗教苦行，但一共只有六位苦行者，而俄國教會卻有一大批❹。由於太強調宗教熱忱而忽視理性，一直到彼得大帝（一六八九——一七二五）銳意接受西歐文化爲止，俄國的哲學尙停留在胚胎狀態。十八世紀下半期以後，俄國的哲學史才正式開始；十九世紀人才輩出，二十世紀更出現了數位足以傲視世界的哲學家。

(二)西化思潮

俄國哲學旣受西歐刺激而產生，因此也像我國本世紀初期一般，曾有過西化熱的時期：他們不加批判地接受來自西方的觀念，並視之爲絕對準則❺。西化的哲學家之中，固亦有像查大也夫 (Pjotr Tschadajew) 那樣傾心於宗教的，大部份都反對宗教，如巴古寧 (Michail A. Bakunin,

---

❹ V. V. Zenkovsky, *A History of Russian Philosophy,* Vol. I., Columbia University Press, New York, 1953, 33-34, 31.

❺ Marc Raeff, *Origins of the Russian Intelligentsia,* The Eighteenth-Century Nobility, Harcourt, Brace & World, New York 1966, pp. 153, 167-168.

1814–76）、倍林斯基（Vissarion G. Belinski, 1811–48）、黑爾寸（Alexander Herzen, 1812–70）等等；其中尤以巴古寧爲最著。巴古寧在大學讀書時，黑格爾思想正泛濫整個歐洲。巴氏醉心黑格爾哲學，屬於黑格爾左派，但他的思想曾有數度變化。開始時熱衷於費希特，把費氏「達到幸福生活的指示」（Anweisung zum seligen Leben）視爲圭臬，以爲神卽人類，而個人位格至上。接受了黑格爾思想以後，巴古寧於一八三七年否定了個人重要性，而只承認「絕對生命」的意義：個人消失於絕對生命中，而在這絕對生命中沒有所謂偶然的事，一切都是必然的。巴古寧自承喜歡幻想，喜歡無邊無際的冒險：因此他逐漸對理論開始厭倦，而願採取行動，也就是革命行動。他一度以爲神卽人類，現在他以爲只能在革命行動中找得到「神」：「我不再需要宗教與哲學的理論，眞理並非理論而是行動，是生活」（一八四五）。革命行動使巴古寧成爲上帝與宗教的敵人：他的話比沙特早了一百年：「如果上帝存在，人就沒有了自由，變成了奴隸。因此上帝不存在。」——「神的存在邏輯地與放棄並否定人的理性連在一起」。宇宙在他眼中永遠在創造和毀滅自己；這一想法也就構成了他的無政府主義基礎：他要跟著宇宙定則去毀滅一切現成的，同時要創造一切。巴氏的無政府主義卻又帶著俄國人特有的使命感：他覺得一個新的世界正等待他來創造❻。

對俄國本土而言，上文已提及的倍林斯基、黑爾寸二人可以說是巴古寧的嫡系弟子，發生的

---

❻ Zenkovsky, *A History of Russian philosophy*, 246–249, 251–252, 256.

影響也較大。但對我國而言，比較聞名的卻是克魯泡特金（Peter Kropotkin, 1842–1921）。克氏的本行是地理學，貢獻頗多，但於一八七〇年放棄了科學研究。一八七二年他赴瑞士訪問亡命的俄國自由主義者及革命人士；在右拉（Jura）山區他與一些鐘錶匠接觸，遂成爲熱烈的巴古寧信徒和無政府主義者。以後他回俄國從事革命活動，主張無政府的共產主義，強調聯盟，反對政治制度。克氏的兩種最重要著作是他的自傳（Memoirs of a Revolutionist, New York 1899）和互助論（Mutual Aid: A Factor of Evolution, London 1902）。後者主張人的天性是合羣的：新達爾文主義過份強調優勝劣敗適者生存的競爭因素，而忽視彼此的合作；人類的進化正在於能彼此合作互助，也唯有藉合作，人類才能夠免於滅亡的命運。人的天性既是合羣互助的，所以不需要政府，政府是強權、罪惡和不公平的泉源。克魯泡特金於一八七四年被捕，逃至西歐以後，一八八二年，爲法國政府逮捕。一八八六年釋放後赴英國；一九一七年十月革命後又重返俄國。但布爾雪維克的專政使他深深地失望，鬱鬱不得志，死於一九二一年❼。

連帶應提到的是：巴古寧與克魯泡特金二人於本世紀初都曾對我國發生影響，尤其是後者。巴古寧的「上帝與國家」曾由朴英譯爲中文。克魯泡特金大約由於討論進化問題的緣故（當時斯賓塞、赫胥黎等有關進化的著作早已由嚴復譯成中文，成爲中國智識份子的共同信念），因此容

❼ George Woodcock, Peter Kropotkin, *Encyciopedia of Philosophy*, Macmillan Co. & Free Press, 1967, 365–366.

易受到我國人歡迎：其互助論首先由李石曾譯成中文，發表於一九〇五年左右。透過李石曾的介紹，吳稚暉與汪精衞也對克氏發生濃烈興趣。吳稚暉於一九〇五年在東京加入同盟會。國父孫中山先生之所以受到「互助論」的啟發可能是受到吳稚暉、李石曾等影響。「孫文學說」中有下面的話：「人類初出之時，亦與禽獸無異，再經幾許萬年之進化，而始長成人性。……物種以競爭爲原則，人類則以互助爲原則。」在「實業計劃」結論中，孫中山先生又說：「後達爾文而起之哲學家所發明人類進化之主動力，在於互助，不在於競爭，如其他之動物者焉。」❽國父所說的後起之哲學家顯然是指克魯泡特金❾。

除去李石曾、吳稚暉、周佛海三人都對克氏五體投地以外（他們三人都譯了「互助論」，最崇敬他的要算戲劇家兼小說家巴金了。他竟把巴古寧、克魯泡特金的首尾二字作爲自己的筆名（他的眞姓名是李芾甘），並有意把克氏作品全部譯爲中文。已譯好出版的有：「倫理學的起源和發展」，「麵包與自由」，「我的自傳」❿。

至於由畢列沙諾夫（Georgi V. Plekhanov, 1857-1918）引入俄國的馬克思主義如何逐漸

---

❽ 國父全集（第二集），臺北市，中央文物供應社，民國四十六年，頁四四及二六一。

❾ Sun Fo, Foreword to John C.H. Wu, Sun Yat-sen: *The Man and His Ideas*, Commercial Press, Taipei 1971, ii.

任卓宣：三民主義新解，臺北市，帕米爾書店，民國五十五年四版，頁四五。

❿ Octave Brière, *Fifty Years of Chinese Philosophy: 1898-1950*, Allen & Unwin, London 1956, 20-21, 128.

生根，如何透過列寧（Vladimir Ilyich Lenin, 1870–1924）而變成一般人所熟稔的馬列主義，這一切我國人都耳熟能詳，不必多贅⑪。這裏只願意指出，無論是無政府主義者巴古寧或馬克思主義者列寧，都逃不了黑格爾的魔掌。西方最走極端的理性主義支配了俄國十九世紀和二十世紀思想界的命運，同時也宰制了俄國當代歷史的命運。正如流亡國外的俄國社會學家飛鐸多夫（Fedotow）所云，這一理性主義忽視了具體的人，而只以抽象的人爲念；事實上，馬列主義心目中只有工農的抽象階級，眞正有血肉的農人和工人卻被虐待被壓迫⑫。

㈢斯拉夫化思潮

正如我國當代思想界有西化與本位化之爭，俄國自從彼得大帝醉心西方文化以來，這二個陣營始終很明顯地互相對峙著。當然，俄國人沒有我國這樣悠久的歷史和思想傳統；他們所云的斯拉夫傳統，實質上就是俄國化的希臘正教。斯拉夫派（Slavophiles）又可分爲俄國彌賽亞主義和保守主義兩個支派。

上文曾說起，俄國人原認爲以君士坦丁堡爲首的希臘正教係基督眞傳。希臘正教與羅馬分裂

---

⑪ Zenkovsky, *A History of Russian Philosophy*, Vol. II. 736–753.

⑫ Vera Piroschkow, *Die vorbolschewistische russische Geistesgeschichte in der politischen Philosophie* (*Sonderdruck*), Verlag Dr. Max Gehlen, Bad Homburg 1957, p. 13.

以後，俄國人毫不遲疑地站在希臘正教一面。一四五三年君士坦丁堡爲回教徒佔領以後，俄國人遂自視爲負有維護基督眞傳的天職，這也就是俄國彌賽亞主義（意指被特選負有特殊使命的意識）的起源。由於西化思潮大多是無神而反宗教的，斯拉夫思潮在維護傳統宗教之餘，以爲這種反宗教的俗世主義是西方教會的必然產物。俄國彌賽亞主義的三位代表人物是：基雷也夫斯基（Ivan V. Kireyevski, 1806–56）、撒馬林（Yuri F. Samarin, 1819–76）和亞克撒洛夫（Konstantin S. Aksalov, 1817–60）⓭。他們認爲西方的毛病在於理性主義，而理性主義的罪魁則係天主教，新教和天主教是一丘之貉，並無巨大差別。彼得大帝把西歐的沉疴帶入俄國，從此天下遂無寧日：我人必須以整個存在去體味眞理，而不應蹈西方覆轍偏面利用理性。西方教會既已病得不可救藥，俄國正教義不容辭，必須負起舍我其誰的天職，把眞的信仰保存下來。陀斯妥也夫斯基（1821–81）稱俄國人爲「負荷上帝的國民」，就是這一思想的表現⓮。

除去彌賽亞主義以外，斯拉夫派還有一股保守思潮，其主要代表人物爲雷翁迭夫（Konstantin N. Leontyev, 1831–91）。雷氏原係醫生，以後進入外交界，最後進入隱修院。雷氏根本反對西方所標榜的自由；他以爲正如人身分首足，同樣地國家也有其固有次序。人死後腐爛就不分首足，同樣地一個國家如要求自由、平等、博愛，也一定會趨於崩潰。他以爲妄想改善人類，使此

⓭ Zenkovsky, *op. cit.* Vol. I. 206–237.
⓮ Piroschkow, *op. cit.* 13-17.

世成爲天堂，結果反而會帶來災禍。他甚至預言心高妄想會造成集體主義的新奴役⑮。

㈣西化與斯拉夫的綜合

除去西化與斯拉夫化這二極端以外，我們可以在梭羅維耶夫（Vladimir Solovyov, 1853–1900）身上找到這二思潮的綜合。說者都認爲他是俄國最偉大的思想家。他發覺斯拉夫派過份把彼得大帝以前的俄羅斯理想化，他們想像中那樣和諧的俄國，實際上並不存在。他又批評東正教心目中的上帝高踞天上，不關心人間疾苦；而基督卻是以上帝的身份降世爲人。西方教會由於太注意人而忘記了上帝，這樣無意中造成了俗世主義。梭羅維耶夫對天主教興趣極高：他認爲教會的分裂只造成外形上的錯覺，實則基督徒都屬於一個教會，因此他一度認爲從一個教會歸化到另一教會毫無意義。但在死前四年他變更了上述意見，秘密地加入天主教。梭氏主張人類一家，但他認爲世間的和平、繁榮、社會安定，這一切未必是最高價值。人如果只追求這些而不追求生活的上帝和基督，結果一定會投入「反基督者」的懷抱之中。他在「反基督者的故事」中描寫世界末日時的情況，繪聲繪形，非常生動，目的卽在於說出這點。梭氏的哲學思想頗接近德國哲學家謝林，介於宗教哲學與歷史哲學之間⑯。

⑮ *op. cit.* 19–20.
⑯ Zenkovsky, *op. cit.* V. II. 469–531.

(五)俄國思想特點

據曾各夫斯基（V.V. Zenkovsky）教授與比洛西各夫（Vera Piroschkow）女士所言，俄國人的思想有四個特點，即一、烏托邦傾向，二、喜歡走極端（Maximalism），三、以人為思考指歸，四、理論與實際契合⑰。

烏托邦與走極端二個傾向的確在許多俄國思想家中可以見到。譬如巴古寧、克魯泡特金、列寧、梭羅維耶夫都是如此：他們都憧憬著一個未來的理想世界。梭羅維耶夫還比較能保持中庸之道，巴、克、列等西化派和那些斯拉夫派都走入極端過激，很難寬容。因此一旦執政，這些人都很容易成為極權主義者。以人為思考中心在俄國思想中也很容易見到：俄國人所討論的不外乎人的命運和使命，歷史的意義與目標等等：道德和社會問題所佔的比重很大。這第三個特點很接近我國人的思想興趣：事實上中國哲學一向就以道德問題為中心。社會問題我國一向不夠注意。俄國人的思想對中國人是新奇的，因此曾引起注意。俄國思想的烏托邦及走極端二個傾向恰巧投合我國本世紀初期的心理狀態：當時我國有志青年正想替中國未來打開一條出路，同時又深惡痛疾當時社會的許多不景氣現象；因此很容易受烏托邦及走極端的俄國思想影響。知識社會學家孟海

---

⑰ Piroschkow, *op. cit.* 4. Zeukovsky, *op. cit.* V.I. 6-7.

姆（K. Mannheim）所云人類思想受某一時代影響⑱，對此一現象的解釋是完全適當的。

俄國思想的第四個特點是理論與實際始終不分家。俄人慕尼黑大學教授斯德奔（Fedor Stepun, 1884–）自述在俄國高中畢業以後就赴德國海德堡大學攻讀哲學。他的教授是大名鼎鼎的哲學史權威文德爾朋（W. Windelband, 1848–1915）。斯德奔在回憶錄中記述下面的對話。文德爾朋主張定命論，以爲一切是絕對必然的。來自俄國的青年學生立刻提出疑問：「要如一切都絕對必然，那末犯罪者是否還應當受罰呢？他所做的一切不是絕對必然嗎？」文德爾朋答說：「這與哲學無關，是法律學的事。」——「那麼罪惡又是什麼呢？根本還有罪惡這回事嗎？」——「那是宗教的事，不屬於哲學問題。」——「您個人的意見又如何呢？」——「如果您要聽我個人的意見，請到我家裏來；這問題不屬於教室。」⑲這種理論與實際行動的分家對俄國人是不可思議的。彌開洛夫斯基（N. K. Mikhailovski, 1842–1904）對俄文眞理（Pravda）一字的解釋可以幫助我們瞭解俄國人的想法。Pravda 一字同時指眞理又指正義，理論與實際根本不可分離⑳。這也正是中國傳統哲學的特點。對此本書已於討論齊克果時有所論述，恕不贅言㉑。

---

⑱ 洪鎌德，現代社會學導論，臺北市，臺灣商務印書館，民國六十一年，頁一〇四。

⑲ Piroschkow, *op. cit.* 4.

⑳ Zenkovsky, *op. cit.* V. I. 7.

㉑ 項退結：中國民族性研究，臺北市，臺灣商務印書館，民國五十五年，頁四三——四六。
項退結：邁向未來的哲學思考，臺北市，現代學苑月刊社，民國六十一年，頁二七八——二九〇。

以上這一切都顯示出，俄國思想方式本來就很接近我國，而不同點又恰逢我國本世紀初的特殊情況而爲我國智識份子接受。其重視實際行動一面也立刻刺激了行動，尤其是五四以後刺激了馬克思主義者的行動。因此，本世紀以來我國雖受到歐美各國思想的衝擊，但影響最深的思想卻直接來自俄國（雖然俄國人也取自西歐）。本文所要談的主角恰是一位俄國思想家。因此作者也不免興起遙思：裴狄雅也夫的思想對今日俄國青年已有如許潛力，以後對我國大陸青年（如果他們有一天有機會讀到）是否也會發生力量呢？當然，這問題我無法答覆，暫時也不需要答覆。但僅僅這一可能性已使本文作者兢兢業業，謹愼從事了。

三、裴氏的生平與重要著作

裴狄雅也夫生於一八七四年，其父是軍人，因此他在軍人子弟學校受小學教育。大學的後半期，他接觸到馬克思主義，因參加社會黨活動而被逐至伏洛各大（Vologda）三年之久，他的大學教育雖被停輟，但他的自強不息仍使他獲得非常豐富的知識。裴氏一度曾熱衷於馬克思主義，但他一開始就不能接受無神主義和極權主義，祇接受馬克思的改革社會計劃㉒。由於他的社會主義傾向，一九一七年十月革命以後，他於一九二〇年被任命爲莫斯科大學教授。這時他和一些哲

㉒ Nicolai Berdyaev, *Slavery and Freedom*, Scribner, New York 1944, pp. 13-14.

學家和寫作家一起，成立了「宗教與哲學自由學會」。他的活動引起了共產新權貴的側目：他和其他反對唯物論的哲學家均於一九二二年被驅逐出境。起初他居於柏林。藉著美國基督教青年會（Y. M. C. A.）的資助，他創立了「宗教與哲學學會」，並於一九二五年遷至巴黎。在那裏他創辦了一個以「路」（Put）爲名的雜誌，並任「基督教青年會出版社」社長，專門出版宗教與哲學書籍。從這時至一九四八年去世爲止，他發揮了令人驚異的創作潛力。他的若干書籍引起了全世界的注意，被譯成數種重要語言。

裴氏的著作極其豐富，茲擇要臚陳如下：

一九〇一年，裴氏首次發表比較大的哲學著作：「**社會哲學中的主觀主義與個人主義——對彌開洛夫斯基的批判**」（出版於彼德堡），這一時期他似乎徘徊於馬克思主義與宗教思想之間。

一九〇七年，發表「**在永恆的觀點之下**」（Sub specie aeternitatis），這是一冊討論宗教與社會問題的論文集。從此，他的思想決定性地向宗教這一方向發展。

一九一六年，「**創造行爲的意義**」於莫斯科問世，此書至少已有德文及英文譯本㉓。

布爾雪維克黨專政以後，裴氏寫了一冊批評蘇維埃思想形態的書：「**不平等的哲學**」。此書發表於裴氏被放逐以後的一九二三年，地點是在柏林。

同年，他把一九一九——一九二〇年在莫斯科「宗教與哲學自由學會」的講稿整理成書，稱

㉓ Nicolas Berdyaev, *The Meaning of the Creative Act*, Harper, New York 1954.

為「歷史的意義」，發表於柏林，引起巨大反響。此書至少有德文、英文及法文譯本㉔。

一九二五年遷居巴黎後，裴氏的創作活動有增無減，著作一本接一本問世。其中比較重要的有「新的中古世紀」（曾譯為多種文字，使裴氏的聲譽鵲起），「自由與精神」，「精神與實在」，「人的使命」，「孤獨與社會」㉕「奴役與自由」，「夢與事實」（裴氏自傳的英文譯本），「現代世界中的人之命運」，「俄國觀念」，「精神領域與凱撒領域」等等㉖，其中尤以「現代世界中的人之命運」膾炙人口。此書頁數不多，但對當代世界的「非人化」剖析得淋漓盡致，並指出世界的新生力量，最後討論文化與基督宗教的關係㉗。

據「俄國哲學史」作者曾各夫斯基的批判，裴氏由於著作極多，因此頗多重覆之處，但每一本書仍有其獨特性。裴氏的特色是把社會、政治、道德、宗教問題融為一爐，而其思考均起源於他個人的生活體驗；因此他也可以算是當代存在思想的代表人物之一。曾各夫斯基認為裴氏思想

㉔ Nicolas Berdiaeff, *Le Sens de l'Histoire*, Aubier-Montaigne, Paris 1948.
Nicholas Berdyaev, *The Meaning of History*, World, Cleveland 1936.
本文作者開始研讀此書時是用法文譯本。閱完後始見到英文譯本，發覺英譯較法譯為優。引用時因此一部份參照英文。

㉕ Nicolas Berdyaev, *The Destiny of Man*, Harper & Row York 1960.
Nicolas Berdyaev, *Solitude and Society*, Geoffrey Bles: The Centenary Press, London 1947.

㉖ Nicolas Berdyaev, *The Realm of Spirit and the Realm of Caesar*, Harper, New York 1952.

㉗ Nicolas Berdyaev, *The Fate of Man in the Modern World*, University of Michigan Press 1963.

中的個人經驗成份太強，但這正是存在思想的特色。這種思考方式的優點是不會無病呻吟，但往往不免流於主觀㉘。

四、裴狄雅也夫的思想

由於這裏所能看到的裴氏著作很有限，至今由政大、輔大神學院及臺大圖書館中所找到的僅八種而已（包括已譯成中文的二本），因此這篇介紹文字自不能求其完整。但裴氏的基本觀念則已在他的幾本重要著作中表達得相當淸楚，尤其在「創造行爲的意義」、「歷史的意義」、「人之使命」與「自由與奴役」四本之中；而他關於極權政治與我人所處的世局等見解，上述八種書籍中也不難找到。

裴狄雅也夫自承自己不是學院式的哲學家；他的思考取材於生活體驗，並以影響實際生活爲目標，他主張認識不應是抽象的，而應當是生活的一部份㉙。因此他很接近齊克果、雅士培等的思想。俄國的傳統和他自己一生悲劇性的經歷都使他以當代人類爲思考主題：十九世紀和他當代俄國思想家所夢寐企求的革命何以會造成史無前例地扼殺人權的集權主義呢？於是他分析造成俄

㉘ Zenkovsky, *op. cit*, V. II. 760–764.

㉙ N. B., *The Destiny of Man*, 12.

國革命的馬克思主義的淵源，診斷這一歷史過程的病根，以後他找出一些足以使當代世界獲得新生的精神力量。裴氏思想之所以對蘇聯有思想的青年知識份子具有吸引力，並不是沒有理由的。

現在我們試按步就班分析他的思想。

(一)人本主義的悲劇

自從 Burckhardt 發表「意大利文藝復興時代的文化」一書以來，大家都不加批判地接受「文藝復興發現了個人」這一見解。裴氏對這一看法提出疑問，並認爲眞正發現個人價值的是歐洲中古時代，因爲那時代歐洲人所篤信的基督宗教承認每一個人的永恒價值。文藝復興不過重新發掘了古希臘的「自然界的人」而已。裴氏也不贊成一般所通行的說法，即文藝復興時代的人已放棄了基督宗教所強調的永恒價值；裴氏用實例指出，宗教價值與自然價值二者並存於那一時代。最明顯的例子是梵蒂岡教廷對文藝復興的熱衷，巍峨的聖彼得大殿即其明證。上述二種價值一方面並行發展，同時也不免發生衝突。其實這一衝突不限於文藝復興時代，而是各時代各民族所共有的：時間與永恒，封閉自足的世界與無限、超越世界之間，衝突是任何時地所不可避免的㉚。

這一衝突隨著文藝復興而尖銳化。裴氏認爲一方面文藝復興固然高舉了人的地位，另一方面也降低了他，使之緊緊與此世繫在一起。接著文藝復興而來的是機械的運用。誠然，機械對人幫

㉚ N. B., *Le Sens de l'Histoire*, pp. 108, 112-117.

忙不少；但是由於當時的人日漸放棄精神價值而一味以外圍事物爲念，人遂落在自然界的勢力範圍以內，一味以建立機械的世界爲事，終至成爲機械的奴隸。這一來，開始被高舉的人本主義旗幟，演變結果反而淪爲**反人本主義**。中古時代雖然也有許多缺點，但一向以具體的每一個人爲天之驕子，他具有永恒的無限價值，現在個人竟讓位給一些抽象名詞：超人、集體、未來的一代、歷史、進步……。尼采竟借蘇魯支的口說：「人是一種可憎厭可羞愧的東西，他必須被超越」。馬克思主義導源於費爾巴哈「使人成爲神」的極端人本主義，結果竟以集體名義虐待具體的個人[31]：人已不是西方傳統所云的「神之肖像」，而祇是屬於不同階級的抽象之物；「階級敵人」則根本已不再被視爲人，他們連動物都不如[32]。

裴氏的一項基本主張是：人是兼具人性與神性的綜合體，他必須服從精神的更高原則，這樣才會找到人格的中心點；反之，如果封閉在小宇宙之內，結果他會失去自我的價值意識，終必淪爲低級事物的奴隸[33]。

㈡對象化與奴役

何以會發生上述現象呢？裴氏認爲這是「對象化」（objectification, objectivation）所造

㉛ *op. cit*, 120, 122, 131-138.

㉜ N. B., *The Fate of Man* etc., 29.

㉝ N. B., *Le Sens de l'Histoire*, 161-164.

成的。這一想法頗接近馬丁・布柏（Martin Buber）所說的「它」，以及馬賽爾於「形上日記」中所發揮的「抽象」與「對象」㉞；「形上日記」於一九二七年發表，裴氏講「對象化」似乎在一九三一年發表的「人的使命」才開始。因此很可能受到布柏、馬賽爾二人影響。

裴氏把世界分成二個範疇，一個是從內部意識到的精神世界，一個是從外面觀察到的必然及自然世界；後者是科學研究範圍，前者是哲學範圍。因此他反對多瑪斯・亞奎那、笛卡爾、康德乃至胡塞爾等把哲學弄成科學的嘗試㉟。把任何位格性的主體視若必然世界的一部份就是對象化，也可以稱之爲物化。曾各夫斯基把對象化解釋得非常玄妙㊱，似乎並未瞭解其眞意。

裴狄雅也夫所說的對象化是「位格」的反面；因此要理解什麼是對象化，必須知道什麼是位格。爲了敍述的層次，我們要等到下一節纔專門討論位格。這裏仍不妨提早說一句：裴氏視位格爲自由、精神與創造的泉源；人與人和人與神之間應是位格間的關係，而不是物與物之間的關係。因此裴氏反對把神「對象化」，卽視神爲可怕的暴力或專制皇帝，像奴才一般去尊敬祂。用上面這樣的眼光去看神，人就會成爲奴隸。不獨此也，裴氏把任何主奴關係都列在奴役範圍以內：教會、國家、社會、家庭、自然界，這一切都可以成爲主人而把人淪爲奴隸。其實，對象化

㉞ 本書頁一九五——一九六。

㉟ N. B., *The Meaning of the Creative Act*, 21-28.
N.B., *The Destiny of Man*, 6-7.

㊱ Zenkovsky, *op. cit.* Vol. II. 770.

或物化這一基本態度才是奴役的根源，而不是上帝、教會或國家本身；甚至知識、道德、藝術、愛情也會因對象化這一態度而造成奴役。不但主奴關係造成奴役，而且主人本身也因主使他人而成爲奴隸；正如柏拉圖所說；暴君自身也是奴隸，因爲他爲外界所役。新約所啟示給人的神卻是仁厚的，犧牲一己援救人類，他尊重人的自由。「基督是最自由的人。他不爲世界所控制，而祇爲愛所困縛。……他沒有權力慾，他不是主人」㊲。裴氏認爲教會不應物化而被視爲在位格以外或在位格以上。他以爲神與教會的物化曾造成嚴重的奴役，而且依舊是「人類奴役的泉源之一」㊳。

上節所云過度人本主義所演變成的反人本主義也是人的「對象化」之另一實例：「把自己當作神的結果，人反而會使自己成爲非人」，於是，具體有血有肉的人讓位給權力、科技、種族、國家、階級、集體㊴。此外，任何本身是相對、有限、平凡的事物如果轉變成爲絕對、無限、神聖，都會獲得魔鬼的特質。國家、文化甚至教會都可能物化而轉變成爲魔鬼。裴氏對教會作下述區分：教會以團體與友誼身份是以位格爲基礎的，但如對象化而成爲無人性的社會組織，則往往自視爲至高無上而造成奴役㊵。裴氏認爲馬克思主義不但以階級眼光限定人的價值（這就是物化

㊲ N. B., *Slavery and Freedom*, 61, 82-95.
㊳ *op. cit.* 91-92.
㊴ N. B., *The Fate of Man* etc., 29-33, 66-67, 87-89.
㊵ N. B., *Slavery and Freedom*, 249.

了人），而且也造成了類似宗教組織的絕對而物化的體制。馬克思主義之所以產生異常的活力，其原因就在於此㊶。

㈢人性化、位格、創造與自由

「對象化」或「物化」既已使人成爲非人，因此裴氏認爲今日世界的最大課題是讓人和社會重新人性化㊷。人性化的基礎在於讓位格獲得其固有地位。乘便先應解釋「位格」這一名詞：位格或位格性一詞，英文作 personality，現代心理學通常譯爲個性或人格；可惜「人格」一詞祇能够用之於人，而裴氏的「位格」含義較廣，同時可指人及神。位格不是千萬事物之一，而是與其他事物完全不同：它是能感到痛苦和快樂的自我主體和存在中心。事物世界之中，根本不可能有這樣的感覺：國家、社會組織或教會都沒有這樣的感覺。我們習於用「水深火熱中的羣眾」「痛苦的無產階級」這一類說法，裴氏說這不過是譬喻和象徵說法：羣眾與階級祇是抽象名詞，因此不可能有感覺，只有每一自我才有感覺。位格頂天立地，不屬於任何階級，不能當作工具；國家、教會及任何社團均非最高價值，祇有位格才具有最高意義。

位格必須努力實現自己（self-realization）而不畏痛苦。在實現自己的途徑中，位格必須奮

㊶ N. B., *The Realm of Spirit* etc., 136-137.

㊷ N. B., *The Fate of Man* etc., 129.

鬪，纔能不成爲外力的奴隸而掙取到自由，換句話說位格必須超越自己而邁向未來從事創造行爲㊸。裴氏非常重視創造這一觀念，可以說這是他整個思想殿宇的基石之一。什麼是創造呢？「創造是因自由行爲而從空無轉至存有的過程」(Creation means transition from non-being to being through a free act)。「創造的內在力量就是自由」㊹。祇有透過創造性或自由才會產生絕對是新的事物，而自由則紮根於空無之中；因此他喜歡應用希臘文 meon 二字，稱之爲「空無的自由」(meonic freedom)㊺。裴氏把創造與自由抉擇視爲一事。他在「創造行爲的意義」一書中專門討論這點：道德卽創造性行爲，而不僅是順服。他贊成尼采反對弱者的道德，但不贊成把基督宗教的倫理視爲弱者的道德：他堅決肯定基督宗教的道德是創造的、高尚的、強者的道德，基督所說的犧牲是精神的勝利而非失敗。這一類的創造行爲不受必然性的世界所限制，而運用自由超越自己，開創新境界。創造行爲表現出抉擇力量，善於「割取、選擇和放棄」(which cuts and chooses and casts away)。這三個動詞把抉擇行爲描寫得恰到好處：因爲要選擇必須割取一部份而放棄另一部份。因此裴氏說懷疑是缺少形上個性：不敢用創造行爲把許多亂麻似的思想一刀斬斷。他認爲創造性的思想與行爲都有些像一個掉入情網的人：一個正在戀愛中的男人

㊸ N. B., *Slavery and Freedom*, 26-29, 10, 54-55.

㊹ N. B., *The Realm of Spillt* etc., 105.

㊺ N. B., *The Destiny of Man*, 32-33.

用創造行爲從許多女子中選擇一個。你不能說：除去所選擇的女子以外還有許多不下於她甚至更好的女子，他的自由選擇創造了價值㊻。

位格的另一特點是「以別的位格之存在爲先決條件並去與他們相遇」（personality presupposes the existence of other personalities and of going out to meet them）。位格對大自然而言是不受拘束的，但對人而言卻不應一唯自私地肯定自己㊼。位格間有「你——我」、「我們」、分享和團體的關係㊽。眞正的團體，俄人稱爲 subornost，是心靈的交流，與輿論及習俗所造成的「社會力量」完全不是一回事㊾。這樣的「社會力量」是物化的，與位格性南轅北轍。

㈣個人與人類史的命運

本文第二節第五目中曾說俄國思想具烏托邦傾向，喜歡憧憬一個未來的理想世界。裴狄雅也夫也是如此，他幼年時一度熱衷於馬克思主義就是這一傾向的表現。十月革命後，他親眼看到馬列主義統治下的俄國是向著什麼歷史方向發展。這一切都成爲湯恩比所云的「挑戰」，迫使裴氏

㊻ N. B., *The Meaning of the Creative Act*, 46-47, 259-261.
㊼ N.B. *Slavery and Freedom*, 34-36, 42.
㊽ N. B., *Solitude and Society*, 79-85.
㊾ N. B., *The Destiny of Man*, 58.

探求個人及全人類歷史的意義，使他從位格觀點從事建立一個歷史哲學，事實上，他第一本引起西方世界注意的著作即「歷史的意義」（一九二三）。

裴氏的歷史哲學是以人的具體精神生活為中心，並研究世間各種力量如何影響到人的精神生活。裴氏不願意像黑格爾、馬克思等從外面去觀察歷史。黑格爾把人淪為宇宙精神的玩物及工具：人自己根本莫名其妙，完全從屬於宇宙精神；馬克思則像涂爾幹（Durkheim）一般把人視為經濟或社會的產物㊿。裴氏認為歷史揭示出宇宙實在界以人為焦點的最深刻本質。歷史的命運也就是個人的命運，每個人必須把自己的命運與整個人類歷史的命運視為一事[51]。

那末，個人與人類史的意義何在呢？裴氏既承認位格的永恆意義及最高價值[52]，因此他認為人的命運同時是在地上又在天上，同時是屬於人又屬於神。一方面是神的照顧、定命及必然性，另一方面是人的自由，二者深深地互相衝突卻又共同行動，這一過程就構成歷史。歷史的進展在於人的創造精神脫離必然性的覊絆，脫離低級事物的奴役。古代希臘及羅馬世界的沒落已足以證明，歷史的進展並非直線而一往向前的。歷史又揭示出永恆勝過毀滅與死亡：當你在羅馬鄉間（Roman Campagna）散步時，那些歷史遺跡會告訴你，人不隨此世終止。歷史的意義在於善惡

㊿ *op. cit.* 11, 49.

[51] N. B., *Le Sens de l'Histoire*, 22-25.

[52] N. B., *The Destiny of Man*, 55.

兩種相反力量的實在，在於它們彼此間悲劇性的衝突以及最後的決定性鬪爭。這最後鬪爭卽福音及若望默示錄（新約的最後一書）所預言的世界末日[53]。

裴氏的歷史哲學之導源於聖奧古斯丁的「天主之城」，這是件彰彰在人耳目的事。他自己對此也直言不諱[54]。然而裴氏思想的動力卻在於維護位格的自由和尊嚴：他要指出「自由勝於存在，精神勝於自然界，主體勝於客體，位格勝於宇宙，創造勝於進化，二元論勝於一元論，愛勝於法律」[55]。這些關係如果倒置的話，馬上就會發生奴役以及疏離人性（alienation）的情形：這時人就被視爲物或對象。本來，世界本身具必然性和規律性，人在此世的自由原係相對而非絕對，必須克勝奴役他的必然性。黑格爾所云由必然性產生的自由不是眞的自由[56]。總之，裴氏認爲自由卽人勝過對象及必然世界；自由的勝利卽精神的勝利，也就是善的勝利，而疏離人性的奴役就是罪惡[57]，一如上文所云，善與惡的鬪爭構成每一個人及整個人類的歷史。

(五)過去、現在、未來與永恆

爲了要解釋歷史，裴狄雅也夫對時間作了一番剖析。他認爲我們的世界從開始到現在不過是

---

53 N. B., *The Meaning of History*, 47, 43, 29, 102-103, 110, 175.
54 N. B., *op. cit.* p. 15.
55 N. B., *Slavery and Freedom*, 10.
56 *op. cit.* 60-61.
57 *op. cit.* 248-249.

永恆生活之中的一個時代而已，它並非封閉，而植基於永恆之中。歷史就是永恆與時間的交流，是「永恆不斷湧入於時間之中」。歷史又是永恆性與時間性的不斷戰爭，以及永恆性對時間性爭取勝利的不斷努力，而最後永恆性將獲得勝利。因此，歷史的意義在於使世間的時代分享永恆的完美。

裴氏用聖奧古斯丁的精深思考[59]來說明時間導向無何有之鄉。時間由過去、現在、未來三部份組成，但這三部份彼此吞噬：未來消滅過去，它自己又被繼起的未來吞噬，現在則一瞬卽過。時間這三部份都像鬼影似地不實在：現在只是無限短促的一瞬間，過去已經消失，未來則還不在。時間這三部份既彼此吞噬，因此任何在時間以內的事物終究逃脫不了消失的命運。時間可以說蘊藏著空無與死亡，它是「壞的時間」。

歷史如果只與過去有關係，那就只是些明日黃花。歷史也不應只著眼於未來或現在，這樣會使現在、未來和過去脫節。最要不得的是把過去和現在的人視爲達到未來極樂世界的工具。這種想法使過去和現在的人都失去人的尊嚴，而未來的理想境界又在虛無漂渺之中。過去和現在的人簡直就成爲一個大墳場，未來的子女不但忘卻自己的祖宗，而且在祖宗的骨頭上面建立自己的美

---

[58] N. B., *The Meaning of History*, 66-68.

[59] S. Aurelii Augustini, *Confessionum libri* XIII, Società Editrice Internazionale, Torino 1949, pp. 444-445, 449, 451.

妙生活。眞正的歷史過程一方面固然使過去消失，另一方面也使未來與過去相連接：過去的精神財富使我們不致於貧乏不堪，同時使我們有能力創造未來[60]。

上面對於傳統與未來的看法，可以說是健全的中庸之道，我國讀者大約不難接受。但裴氏的思想不止於此，他認爲過去、現在、未來都融合在不可分的完整生命之中，保存在永恆的實在和永恆的今天以內。他指稱基督宗教爲最偉大的宗教，因爲它不肯讓死亡與遺忘佔上風，它讓過去曾生活的人都在永恆的現在之內重新復活。一切暫時的、轉眼即過的事物都因之而成爲永恆的實在[61]。

究竟這永恆的實在是什麼呢？在「孤獨與社會」一書中，裴氏似乎用素質（quality）來解釋永恆的實在性，他說量方面的無限時間是不可能的，但精神生活的濃烈卻超越量的無限，例如沐浴在幸福之中的人幾小時一瞬即過[62]。照這一說法，永恆的實在似乎只是主觀境界。另一方面，裴氏的思想始終以人的位格爲指歸，位格藉創造行爲實現自己，藉精神的自由和彼此間的融通實現自己，而不藉事物世界實現自己。死亡對位格無計可施，因爲死亡只能對事物世界施其伎倆[63]。位格的實現必須超越事物世界的界限，必須走向另一世界，這是裴氏歷史觀的重要結論之

[60] N. B., *The Meaning of History*, 69-74, 163-164.
[61] *op. cit.* 70-71, 164.
[62] N. B., *Solitude and Society*, 111-117.
[63] *op. cit.* 150.

一。他認爲如果把歷史過程封閉於此世以內，以此世爲最高目標，一定會走入此路不通的絕境。法國大革命以自由、平等、博愛相標榜，結果造成十九世紀的資產社會，形成新的不平等和新的仇恨。不同形式的社會主義、無政府主義也遭遇了失敗：人們以爲可以達到無邊無際的自由，結果反而加重了奴役。「事實已充分證明，人本主義的無神主義把自由轉變成強迫，把人本主義變成非人本主義」。裴氏以爲除去指向另一世界的宗教以外無法解釋人類史的意義[64]。

(六)神與空無基礎

到此，我們對裴狄雅也夫可以得到一些印象：他的思想以診斷現代世界的病徵爲出發點，但思考結果往往使他與宗教領域相接觸。他對自由的探討更使他接觸到神本身的問題。

傳統神學都沿用亞里斯多德的說法，以爲神本身不可能有變動與多樣性，因爲變動與多樣性表示出潛能性，而神本身應該是純粹實現和純粹完美[65]。然而，聖經所揭示的神卻指出祂是愛，並指出他自由地創造世界。裴氏以爲愛就是對所愛者的一種需要：神並不如一般所想的自滿自足，神內部有悲劇的存在。悲劇與內心衝突並非缺點，而是動力與生命的表現，不動才是缺點。他又以爲自由即「空無的自由」（meonic freedon），自由植基於 τὸ μή ὄν（空無）。三位一體

[64] N. B., *The Meaning of History*, 170-172, 157.
[65] N. B., *Le Sens de l'Histoire*, 43-46.

與創造者上帝是從「空無基礎」（Ungrund，此語係德國密契哲學家 Jakob Boehme 所首創）所生。上帝與人的自由都以這「空無基礎」爲根源。上帝之所以創造世界，即由於這空無的自由。被造的人起初用這空無的自由同意了神的創造，以後又用同一自由違抗上帝，回向固有的空無。反抗行爲使空無勝過了上帝的光，原來非善非惡的空無遂成爲惡。於是神降生成人，用他的愛感化沉淪的自由。根據這一說法，人的其他一切均爲上帝所造，唯有他的自由來自空無。裴氏以爲只有「空無基礎」纔能解釋惡的起源；傳統神學的解釋則使神自己成爲惡的起源[66]。

神不但是自由的，而且也會受苦，他並非太上忘情的孤僻者，而是渴望人的愛[67]。由於基督的恩賜，人纔能因著與神相契而死後復活獲得永恆生命[69]。

(七)基督宗教、教會與世界末日

裴狄雅也夫對基督宗教的見解如下：神的自由與渴望人愛引起了歷史上的最大悲劇，即基督死於十字架的悲劇。一如上文所云，這一悲劇是由於人的自由反抗上帝墮入空無而造成罪惡所致。神如果利用祂的力量來控制這一情況，本來可以使罪惡和痛苦消失，但這不合祂的作風：祂

---

[66] N. B., *The Destiny of Man*, 23-31.
[67] N. B., *Slavery and Freedom*, p. 51.
[68] *op. cit.* 54-55.

是自由的，祂也尊重人的自由，他的意旨是要人的命運在愛情中獲得完成。人而神的基督遂成爲上天下地的聯繫，並成爲歷史的樞紐，神與人的行動都將以他爲指歸[69]。

裴氏又認爲基督宗教最具歷史性，是歷史的動力，因爲它最先啟示了自由原則，古代的希臘及希伯來人都不知道這個。蘇格拉底只知道善的必然性，基督宗教則強調自由主體和精神是造成歷史的主因，人有爲善作惡的自由。基督宗教不像古希臘人一般屈服於命運，而是要人奮鬪。東方古文化國家如印度和中國因爲沒有受到基督宗教的灌溉，不知道創造性主體的自由，因此缺乏活力，只知道冥思。裴氏以爲這件事證明基督宗教是歷史進展的最大動力。過去的東方雖未在全世界歷史中佔舉足輕重的地位，但他相信以後會扮演重要角色[70]。

也許有人要說：文藝復興時代個人在歐洲始能抬頭，藝術和學術的創造活動始有長足進展，而文藝復興卻是古希臘文化的復興。裴氏認爲這是片面之辭。他認爲基督宗教最先肯定人性以精神爲首要，並最先把人的位格性與至高的神性聯在一起；基督宗教又肯定了人的自由和尊嚴，位格的發展卽中古世紀歷史的特殊成就。隱修院與騎士是使中古時代精神生活得以堅強有紀律的兩股力量。隱修士和騎士已經塑造成堅強有力的人格，人的自由這一原則已經建立起來。當然，中

---

[69] N. B., *Le Sens de l'Histoire*, 50-51.

[70] N. B, *The Meaning of History*, 101, 111-112.

古時代有它的缺點：那時代的教會想用武力擴張或維護神權統治，以爲這就是理想的「天主之國」。這一理想的幻滅引起文藝復興對教會的反抗。然而，此項缺點不允許我們否認中古時代的成就。裴氏以爲沒有中古時代對位格和自由原則的建立和所積貯的精神潛力，文藝復興時代也不會驟然爆發出這麼大的創造力量[71]。

裴氏雖絕對信仰基督宗教，但他對歷史中的教會組織批評頗多。他既不讚成受制於君士坦丁堡皇帝的希臘正教（今日的俄國正教則在無神共產主義政權的控制之下）也不贊成「幼稚而古老的」羅馬天主教，以及「偉大野蠻人」馬丁・路德的更正教[72]。他又說基督徒所懸在口邊的「愛德」(christian love）往往是以自己靈魂的得救和「修德立功」爲目的，並且往往以居高臨下的態度向人施恩[73]。上文曾多次提到裴氏指責教會因物化而造成奴役，至今仍是奴役的泉源之一等等。

儘管如此，裴氏認爲基督宗教有它獨一無二的崇高使命，那就是替神之國的來臨作準備，因此它必須強調世界在末日的完成（eschathology）及基督的再度來臨。初期基督徒的末日意識極其濃厚，他們唯一的錯誤是把基督重臨人間的時間放得很近。第四世紀時，因著君士坦丁大帝的

---

[71] *op. cit.* 112-114.
[72] N. B., *Le Sens de l'Histoire*, 219.
N. B., *The Meaning of the Creative Act.* 333, 328.
[73] N. B., *Slavery and Freedom*, 57.

歸化基督宗教，基督來臨及末日意識逐漸沖淡，代之而起的是教會組織日趨完善。許多人都以爲教會的擴展卽神之國的來臨；實則教會只能替神之國作準備，它的泉源雖來自天上，卻依舊屬於歷史，而神之國的實現是在世界末日。神之國卻也透過人的自由和眞的創造行爲而來到現在，這時現在就成爲永恆：當我們深深體味到神的光明與喜樂的時候，我們就進入了永恆。世界末日和深刻體味，這二條路都能使我們進入永恆[74]。

到此，裴狄雅也夫採取費奧多洛夫（N.F. Feodorov, 1828–1903）對世界末日的解釋，認爲世界末日可能產生二種不同意識：一種是保守的，卽因那些被認爲神聖不可侵犯的事物遭受毀滅而感到恐怖；還有一種是革命的主動的，它促使我們主動地創造地實現人的位格，並促使我們改造社會，使之與位格性原則相調和。當然，這一切都不是守株待兔所可幾及的，而需要用一番努力。改造世界的聖神（或聖靈）之降臨，卽寓於人自己的精神活動，從事精神的革命，卽替神之國的來臨作準備工作[75]。主動的世界末日意識，可以說是裴氏對社會主義與基督宗教所做的一項綜合。

---

74 N. B., *Le Sens de l'Histoire*, 217-220.
N. B., *The Destiny of Man*, 290.
N. B., *Slavery and Freedom*, 266.

75 *op. cit.* 265

五、裴氏思想的評價

第一、裴氏對人本主義的批評，對「物化」與奴役、位格與創造之間微妙關係的剖析非常精闢，不但對共產主義統治下的當代俄國，而且對整個世界都是一劑良藥。「視人爲神」演變成「非人主義」的心理過程可能即佛洛姆所云的「逃避自由」；人發覺自己和個別的人都非常微小，就會把神性投射到外物身上，如集體、科技等等[76]，人自身反而失去任何價值。然而，過份貶抑「對象化」也未必合理：必要時，我們還需要客觀地冷靜地處理事物，而不帶主觀成份，即使處理的是人也有這一需要；譬如辦學校既必須尊重學生的人格，就應該有條不紊，有客觀的處理方式。假使什麼事都要講「人情」（強調主體），就會形成不公平：這時某些人固然被當作主體，別的人則反而會淪爲「物」和「對象」。

第二、歷史哲學部份，裴氏是奥古斯丁的後繼者。基督徒自不難接受他這一看法之大部份，非基督徒至少也可以聽一聽黑格爾、馬克思、布洛霍等人以外的見解。裴氏對傳統與未來新文化之間的調和，態度十分中肯，值得讚許。但他說希臘人不知爲善作惡的自由，這句話至少不適用於亞里斯多德。

[76] 佛洛姆：逃避自由，臺北市，志文出版社，民國五十九年，一〇二頁。

第三、他對神本身的思考也頗有引人深思之處，譬如動力代表生命，不動才是缺點；亞里斯多德所云不動的最高原因是否足以代表基督宗敎的上帝，是値得商榷的。至於說神由「空無基礎」而生，則跡近空想。

第四、裴氏對敎會各種歷史形式的批評，如古老、自視過高、造成奴役等等，不能說完全缺乏事實根據。敎會應虛心接受這些批評而改革自己，正如敎宗若望二十三世所言：「敎會必須常常革新」。主動的世界末日意識這一觀念，基督敎界可能對之並不熟悉，但卻是很有意義的。

第五、用創造性解釋道德的起源，大約是受尼采影響。用空無解釋自由之說，以後爲沙特所拾取。但裴氏卻並不因此而否定神的實在。

滄海叢刊已刊行書目(七)

書名	作者	類別
文學欣賞的靈魂	劉述先	西洋文學
西洋兒童文學史	葉詠琍	西洋文學
現代藝術哲學	孫旗譯	藝術
書法與心理	高尚仁	藝術
音樂人生	黃友棣	音樂
音樂與我	趙琴	音樂
音樂伴我遊	趙琴	音樂
爐邊閒話	李抱忱	音樂
琴臺碎語	黃友棣	音樂
音樂隨筆	趙琴	音樂
樂林蓽露	黃友棣	音樂
樂谷鳴泉	黃友棣	音樂
樂韻飄香	黃友棣	音樂
色彩基礎	何耀宗	美術
水彩技巧與創作	劉其偉	美術
繪畫隨筆	陳景容	美術
素描的技法	陳景容	美術
人體工學與安全	劉其偉	美術
立體造形基本設計	張長傑	美術
工藝材料	李鈞棫	美術
石膏工藝	李鈞棫	美術
裝飾工藝	張長傑	美術
都市計劃概論	王紀鯤	建築
建築設計方法	陳政雄	建築
建築基本畫	陳榮美 楊麗黛	建築
建築鋼屋架結構設計	王萬雄	建築
中國的建築藝術	張紹載	建築
室內環境設計	李琬琬	建築
現代工藝概論	張長傑	雕刻
藤竹工	張長傑	雕刻
戲劇藝術之發展及其原理	趙如琳	戲劇
戲劇編寫法	方寸	戲劇

滄海叢刊已刊行書目(六)

書名	作者	類別
人生小語(一)(二)	何秀煌	文學
印度文學歷代名著選(上)(下)	糜文開	文學
寒山子研究	陳慧劍	文學
孟學的現代意義	王支洪	文學
比較詩學	葉維廉	比較文學
結構主義與中國文學	周英雄	比較文學
主題學研究論文集	陳鵬翔主編	比較文學
中國小說比較研究	侯健	比較文學
現象學與文學批評	鄭樹森編	比較文學
記號詩學	古添洪	比較文學
中美文學因緣	鄭樹森編	比較文學
比較文學理論與實踐	張漢良	比較文學
韓非子析論	謝雲飛	中國文學
陶淵明評論	李辰冬	中國文學
中國文學論叢	錢穆	中國文學
文學新論	李辰冬	中國文學
分析文學	陳啓佑	中國文學
離騷九歌九章淺釋	繆天華	中國文學
苕華詞與人間詞話述評	王宗樂	中國文學
杜甫作品繫年	李辰冬	中國文學
元曲六大家	應裕康 王忠林	中國文學
詩經研讀指導	裴普賢	中國文學
迦陵談詩二集	葉嘉瑩	中國文學
莊子及其文學	黃錦鋐	中國文學
歐陽修詩本義研究	裴普賢	中國文學
清真詞研究	王支洪	中國文學
宋儒風範	董金裕	中國文學
紅樓夢的文學價值	羅盤	中國文學
中國文學鑑賞舉隅	黃慶萱 許家鸞	中國文學
牛李黨爭與唐代文學	傅錫壬	中國文學
浮士德研究	李辰冬譯	西洋文學
蘇忍尼辛選集	劉安雲譯	西洋文學

滄海叢刊已刊行書目㈤

書名	作者	類別
燈下燈	蕭蕭	文學
陽關千唱	陳煌	文學
種籽	向陽	文學
泥土的香味	彭瑞金	文學
無緣廟	陳艷秋	文學
鄉事	林清玄	文學
余忠雄的春天	鍾鐵民	文學
卡薩爾斯之琴	葉石濤	文學
青囊夜燈	許振江	文學
我永遠年輕	唐文標	文學
思想起	陌上塵	文學
心酸記	李喬	文學
離訣	林蒼鬱	文學
孤獨園	林蒼鬱	文學
托塔少年	林文欽編	文學
北美情逅	卜貴美	文學
女兵自傳	謝冰瑩	文學
抗戰日記	謝冰瑩	文學
我在日本	謝冰瑩	文學
給青年朋友的信（上）（下）	謝冰瑩	文學
孤寂中的廻響	洛夫	文學
火天使	趙衛民	文學
無塵的鏡子	張默	文學
大漢心聲	張起鈞	文學
回首叫雲飛起	羊令野	文學
康莊有待	向陽	文學
情愛與文學	周伯乃	文學
湍流偶拾	繆天華	文學
文學邊緣	周玉山	文學
大陸文藝新探	周玉山	文學
累廬聲氣集	姜超嶽	文學
實用文纂	姜超嶽	文學
林下生涯	姜超嶽	文學
材與不材之間	王邦雄	文學

滄海叢刊已刊行書目（四）

書名	作者	類別
中國歷史精神	錢穆	史學
國史新論	錢穆	史學
與西方史家論中國史學	杜維運	史學
清代史學與史家	杜維運	史學
中國文字學	潘重規	語言
中國聲韻學	潘重規 陳紹棠	語言
文學與音律	謝雲飛	語言
還鄉夢的幻滅	賴景瑚	文學
葫蘆・再見	鄭明娳	文學
大地之歌	大地詩社	文學
青春	葉蟬貞	文學
比較文學的墾拓在臺灣	古添洪 陳慧樺	文學
從比較神話到文學	古添洪 陳慧樺	文學
解構批評論集	廖炳惠	文學
牧場的情思	張媛媛	文學
萍踪憶語	賴景瑚	文學
讀書與生活	琦君	文學
中西文學關係研究	王潤華	文學
文開隨筆	糜文開	文學
知識之劍	陳鼎環	文學
野草詞	韋瀚章	文學
現代散文欣賞	鄭明娳	文學
現代文學評論	亞菁	文學
當代臺灣作家論	何欣	文學
藍天白雲集	梁容若	文學
思齊集	鄭彥棻	文學
寫作是藝術	張秀亞	文學
孟武自選文集	薩孟武	文學
小說創作論	羅盤	文學
往日旋律	幼柏	文學
現實的探索	陳銘磻編	文學
金排附	鍾延豪	文學
放鷹	吳錦發	文學
黃巢殺人八百萬	宋澤萊	文學

滄海叢刊已刊行書目(三)

書名	作者	類別
我國社會的變遷與發展	朱岑樓主編	社會
開放的多元社會	楊國樞	社會
社會、文化和知識份子	葉啓政	社會
臺灣與美國社會問題	蔡文輝 蕭新煌 主編	社會
日本社會的結構	福武直 著 王世雄 譯	社會
財經文存	王作榮	經濟
財經時論	楊道淮	經濟
中國歷代政治得失	錢穆	政治
周禮的政治思想	周世輔 周文湘	政治
儒家政論衍義	薩孟武	政治
先秦政治思想史	梁啓超原著 賈馥茗標點	政治
憲法論集	林紀東	法律
憲法論叢	鄭彥棻	法律
師友風義	鄭彥棻	歷史
黃帝	錢穆	歷史
歷史與人物	吳相湘	歷史
歷史與文化論叢	錢穆	歷史
歷史圈外	朱桂	歷史
中國人的故事	夏雨人	歷史
老臺灣	陳冠學	歷史
古史地理論叢	錢穆	歷史
秦漢史	錢穆	歷史
我這半生	毛振翔	歷史
三生有幸	吳相湘	傳記
弘一大師傳	陳慧劍	傳記
蘇曼殊大師新傳	劉心皇	傳記
當代佛門人物	陳慧劍	傳記
孤兒心影錄	張國柱	傳記
精忠岳飛傳	李安	傳記
師友雜憶 八十憶雙親 合刊	錢穆	傳記
困勉強狷八十年	陶百川	傳記

滄海叢刊已刊行書目(二)

書名	作者	類別
老子的哲學	王邦雄	中國哲學
孔學漫談	余家菊	中國哲學
中庸誠的哲學	吳怡	中國哲學
哲學演講錄	吳怡	中國哲學
墨家的哲學方法	鐘友聯	中國哲學
韓非子的哲學	王邦雄	中國哲學
墨家哲學	蔡仁厚	中國哲學
知識、理性與生命	孫寶琛	中國哲學
逍遙的莊子	吳怡	中國哲學
中國哲學的生命和方法	吳怡	中國哲學
儒家與現代中國	韋政通	中國哲學
希臘哲學趣談	鄔昆如	西洋哲學
中世哲學趣談	鄔昆如	西洋哲學
近代哲學趣談	鄔昆如	西洋哲學
現代哲學趣談	鄔昆如	西洋哲學
思想的貧困	韋政通	思想
佛學研究	周中一	佛學
佛學論著	周中一	佛學
現代佛學原理	鄭金德	佛學
禪話	周中一	佛學
天人之際	李杏邨	佛學
公案禪語	吳怡	佛學
佛教思想新論	楊惠南	佛學
禪學講話	芝峯法師	佛學
圓滿生命的實現（布施波羅蜜）	陳柏達	佛學
絶對與圓融	霍韜晦	佛學
不疑不懼	王洪鈞	教育
文化與教育	錢穆	教育
教育叢談	上官業佑	教育
印度文化十八篇	糜文開	社會
中華文化十二講	錢穆	社會
清代科舉	劉兆璸	社會
世界局勢與中國文化	錢穆	社會
國家論	薩孟武譯	社會
紅樓夢與中國舊家庭	薩孟武	社會
社會學與中國研究	蔡文輝	社會

滄海叢刊已刊行書目㈠

書名	作者	類別
國父道德言論類輯	陳立夫	國父遺教
中國學術思想史論叢㈠㈡㈢㈣㈤㈥㈦㈧	錢穆	國學
現代中國學術論衡	錢穆	國學
兩漢經學今古文平議	錢穆	國學
朱子學提綱	錢穆	國學
先秦諸子論叢	唐端正	國學
先秦諸子論叢（續篇）	唐端正	國學
儒學傳統與文化創新	黃俊傑	國學
宋代理學三書隨劄	錢穆	國學
莊子纂箋	錢穆	國學
湖上閒思錄	錢穆	哲學
人生十論	錢穆	哲學
中國百位哲學家	黎建球	哲學
西洋百位哲學家	鄔昆如	哲學
比較哲學與文化㈠㈡	吳森	哲學
文化哲學講錄㈠㈡㈢㈣	鄔昆如	哲學
哲學淺論	張康	哲學
哲學十大問題	鄔昆如	哲學
哲學智慧的尋求	何秀煌	哲學
哲學的智慧與歷史的聰明	何秀煌	哲學
內心悅樂之源泉	吳經熊	哲學
哲學與宗教㈠㈡	傅偉勳	哲學
愛的哲學	蘇昌美	哲學
是與非	張身華譯	哲學
語言哲學	劉福增	哲學
邏輯與設基法	劉福增	哲學
知識•邏輯•科學哲學	林正弘	哲學
中國管理哲學	曾仕强	哲學